Deutsch

Auf einen Blick!

Epochen der deutschen Literatur

STARK

Bildnachweis
Umschlag (Farben-Reihe): © montiannoowong
S. 10: Easchiff; CC-BY-SA 3.0
S. 20: bpk / Kunstbibliothek, SMB / Knud Petersen
S. 28: Masteraah; CC-BY-SA 3.0
S. 30: Deutsche Fotothek; CC-BY-SA 3.0
S. 32: bpk
S. 34: picture-alliance/dpa
S. 36: picture-alliance/dpa
S. 38: M.C. Escher's „Drawing Hands" © 2013 The M.C. Escher Company-The Netherlands.
All rights reserved. www.mcescher.com
S. 40: Bundesarchiv, Bild 183-08483-0003 / Gustav Köhler / 1. November 1950; CC-BY-SA 3.0.
S. 42: © Eisenhans – Fotolia.com

www.stark-verlag.de
1. Auflage 2013

Inhalt

Autor: Markus Hille

Was erwartet mich?

Die **Epochenüberblicke** dienen der Arbeit mit Literatur im Deutschunterricht ebenso wie der Prüfungsvorbereitung. Sie enthalten jeweils die gleichen Rubriken, um Merkmale der einzelnen Epochen vergleichbar zu machen:

- In der Überblicksgrafik **Auf einen Blick** werden wichtige Merkmale der Epoche in einem Beziehungsdreieck aus „Subjekt", „Gesellschaft" und „Gott/Natur" erfasst. Diese Rubrik trägt dem Umstand Rechnung, dass sich der im Zentrum der Literatur stehende Mensch als Einzelwesen, als Gemeinschaftswesen und als Wesen in Bezug auf ein größeres Ganzes – sei es Gott, sei es die Natur – verstehen lässt. Im Zentrum des Beziehungsdreiecks steht jeweils ein Begriff, der sich als Sammelbegriff anbietet, weil sich der Großteil der Beschreibungsmerkmale der Epoche unter ihn subsumieren lässt.
- Unter **Grundsätzliches** finden sich Basisinformationen wie z. B. Begriffsklärungen oder Informationen zu historischen Entwicklungen.
- Der Abschnitt **Menschenbild** zeigt auf, wie in der jeweiligen Epoche der Mensch und sein Verhältnis zur Welt verstanden wurden. Vor allem bei vielschichtigen Epochen und Strömungen ist hier allerdings oft keine eindeutige Bestimmung möglich, da zum Teil ganz unterschiedliche Deutungen des menschlichen Lebens existierten (insbesondere bei den Epochen und Strömungen nach dem Zweiten Weltkrieg).
- Unter **Literarisches Leben** werden Aspekte wie z. B. literarische Programmatiken, prägende Gruppierungen, Zentren oder wichtige Publikationsorgane etc. vorgestellt.
- Die Rubrik **Sprache und Stil, Themen und Formen** vermittelt einen Überblick über die wichtigsten Inhalte, Gestaltungsmerkmale und Ausprägungen der literarischen Gattungen.
- Unter **Autoren und Werke** sind die wichtigsten Schriftsteller der Epoche bzw. Strömung mit ihren Texten aufgeführt. Es handelt sich hierbei um eine exemplarische Aufstellung, da jeweils auch noch weitere Autoren und Werke eingeordnet werden könnten.
- Den Abschluss jedes Epochenüberblicks bildet eine kleine Zusammenstellung von **Zitaten**, die zentrale Aspekte der Epoche ansprechen.

Die **Zeitleiste** am unteren Rand jeder Seite verzeichnet historische Ereignisse des Epochenzeitraums. Darunter fallen nicht nur politische Ereignisse, sondern auch weitere Erscheinungen (wie z. B. Erfindungen), die dabei helfen, ein Bild von der Zeit zu entwickeln.

Epoche – ein nicht ganz einfacher Begriff

Der Begriff der Epoche dient zur **Unterteilung der Literaturgeschichte**. Häufig sind es bestimmte „epochemachende" Ereignisse, die den Beginn der einen und das Ende einer anderen Epoche markieren. Es können aber auch gewisse Veränderungen in den Denkweisen und Perspektiven sein, die die Abgrenzung einer Epoche nahelegen. Manchmal sind die Grenzen zwischen Epochen oder auch zwischen Strömungen fließend. Die Unterteilungen der Literaturgeschichte sind daher **nicht immer trennscharf**. Zum Teil überlappen sich die Epochen und gelegentlich laufen Strömungen gleichzeitig nebeneinander her. Insbesondere bei der Literatur nach 1945 wird es wegen der **Vielschichtigkeit der Literatur** immer schwerer, von abgrenzbaren Epochen zu sprechen. Auch die Zuordnung von Autoren und Werken zu einer Epoche ist mal mehr und mal weniger eindeutig – manche Autoren haben im Laufe ihres Lebens Werke geschrieben, die Bezüge zu verschiedenen Epochen und Strömungen aufweisen, und andere lassen sich gar nicht zuordnen, weil ihr Werk sich dagegen sperrt (prominente Beispiele sind Kleist und Kafka). Gleichwohl haben die Epochen, die sich als Beschreibungseinheiten eingebürgert haben, ihre Berechtigung: Als **Deutungsmuster** ermöglichen sie ein tieferes Verständnis literarischer Werke **vor dem Hintergrund ihrer Entstehungszeit**.

Auf einen Blick

Subjekt
- Gottgewollter Platz in der Ständegesellschaft
- Vergänglichkeitsbewusstsein und Lebensgier

Gottgegebene Ordnung

Natur/Gott
- Gott: Schöpfer, Erhalter, Richter
- Dualismus aus Diesseits und Jenseits
- Natur: Symbol göttlichen Heilshandelns; Herrschaftsraum fürstlicher Macht (Barockgarten)

Gesellschaft
- Absolutistischer Herrscher
- Kleinstaaterei in Deutschland
- Armut / Seuchen: Leiden der Landbevölkerung
- Dreißigjähriger Krieg

Grundsätzliches

- grundlegendes historisches Ereignis: **Dreißigjähriger Krieg** (1618–1648) mit verheerenden Auswirkungen auf Wirtschaft, Handel und Kultur (über 15 000 Dörfer in Mitteleuropa zerstört)
- Umwandlung der gesellschaftlichen Strukturen: Herausbildung **absolutistischer Höfe** und Erstarken des Bürgertums in den Städten
- in der Folge der Reformation konfessionelle Spaltung Deutschlands – Träger kultureller Entwicklung: in den protestantischen Gebieten das zunehmend aufgeklärte Bürgertum sowie kirchliche Einrichtungen; in katholischen Gebieten vor allem Orden und Einrichtungen des Weltklerus
- Barock (vom frz. *baroque* bzw. urspr. vom portugies. *barucco*, eigentlich: „unregelmäßige Perle“) als Kunst der **Gegenreformation** und des **Absolutismus** – vor allem in katholischen Gebieten
- höfisches Streben nach Repräsentation verwirklicht sich u. a. in der Größe und in der pathetischen Ausstrahlung des Kunstwerkes
- Verarmung weiter Landstriche, prunkvolle Prachtentfaltung weltlicher und kirchlicher Herrscher
- Blütezeit des literarischen Barock mit Gryphius und Grimmelshausen

Menschenbild

- **Mensch als Teil der göttlichen Schöpfungsordnung:** die gesellschaftliche Ordnung der 3 Stände (Klerus, Adel, Bürger/Bauern) wird als Wille Gottes verstanden
- schroffe **Gegensätze im Lebensgefühl:** Leben und Tod; Gott und Welt (u. a. auch Wiederbelebung des mittelalterlichen Dualismus von Vergänglichkeit im Diesseits und Erlösung im Jenseits)
- **Leiderfahrungen** (Krieg, Gewalt, Seuchen und Epidemien) prägen Stimmung von Vergeblichkeit und Hinfälligkeit – antithetisch dazu: Gier nach **Leben und Genuss**
- Fortschritte in den Wissenschaften (durch Kopernikus, Leibniz, Newton, Galilei, Bacon etc.) lösen den Menschen allmählich aus dem christlich geprägten Erklärungszusammenhang – aber noch kaum Niederschlag dieser Entwicklung in der barocken Literatur

1606	1617	1618	1626	1633
Gründung erster englischer Kolonie in Nordamerika (Virginia)	Erste Wochenzeitung in Berlin	„Prager Fenstersturz“ als Beginn des 30-jährigen Krieges	Petersdom in Rom geweiht	Verurteilung Galileis wegen naturwissenschaftlicher Forschungen

Literarisches Leben

- Literaturproduktion im Dienst von **Adel und Kirche**
- Deutsche Sprachgesellschaften emanzipieren **Deutsch** gegenüber Latein als Literatursprache
- bürgerliche und bäuerliche Schichten beginnen langsam, aufkommendes Selbstbewusstsein zu zeigen (deutsche Literatur in Kalendern: Lebenshilfe und Erbauung)
- Zwecke der Dichtung: Belehren, Unterhalten, Bewegen
- Dichter meist aus dem humanistisch gebildeten Gelehrtenstand
- **Einfluss der Mystik** (Jakob Böhme u. a.) auf die Dichtung (Gryphius, Silesius)
- Jesuitendrama als gegenreformatorisches Theater: biblische Stoffe, allegorische Glaubensunterweisung
- erste Blütezeit der Oper
- **Erlernbarkeit des Dichtens**; Übertragung antiker Metrik auf die deutsche Sprache (Opitz)

Sprache und Stil, Themen und Formen

- **Regelpoetik:** Qualität heißt souveräne/virtuose Regelkonformität; Tendenz zum Manierismus
- glänzende Erfüllung der Regelpoetik fördert Gedanken-, Wort- und Klangfiguren
- **starke Bildlichkeit** (insbesondere auch Allegorien); Wiederholung ähnlicher Motive
- artifizieller Charakter von Aufbau und Form; Antithetik; Hyperbolik
- zentrale Motive: **Vanitas** (lat. „leerer Schein, Nichtigkeit, Eitelkeit"), **Memento mori** (lat. „Gedenke des Todes"), **Carpe diem** (lat. „Genieße den Tag")
- vorherrschende Themen: **Krieg, Tod, Vergänglichkeit, Religion, Scheinwelt** und **Welt als Theater**, in dem jeder seine Rolle zu spielen hat
- kaum persönliche Dichtung, starke Tendenz zu Allgemeingültigkeitsanspruch
- Lyrik: (Alexandriner-)**Sonette** als Form, die für den Ausdruck **antithetischen Denkens** besonders geeignet ist; aber auch Oden
- Drama: Tragödie (teilweise auch Komödie) mit Einhaltung der Ständeklausel
- Epik: Roman (z. B. Schäferroman und Schelmenroman)
- Emblem als besondere Form: Verbindung aus Bild und Text

Autoren und Werke

Martin Opitz: *Buch von der Teutschen Poeterey* (für barocke Regelpoetik maßgebliche Abhandlung)
Andreas Gryphius: *Katharina von Georgien* (Drama), Sonette
Christoffel v. Grimmelshausen: *Der Abentheuerliche Simplicissimus Teutsch* (Schelmenroman)
Paul Gerhardt: Kirchenlieder
Angelus Silesius (eig.: Johannes Scheffler): *Cherubinischer Wandersmann* (Epigramme)
Jakob Bidermann: *Cenodoxus* (Drama)

Zitate

„Du siehst, wohin du siehst, nur Eitelkeit auf Erden." *(Gryphius)*
„Der Weise suchet Ruh und fliehet das Getümmel: sein Elend ist die Welt, sein Vaterland der Himmel." *(Silesius)*
„Fahr hin, o Welt, mit Guet und Gelt, fahr hin all Frewd auff dieser Welt." *(Bidermann)*

1643	1648	1679	1683	1712
Krönung Ludwig XIV., König von Frankreich (Herrschaft bis 1715)	Westfälischer Friede beendet 30-jährigen Krieg	Große Pest von Wien	Abwehr des türkischen Angriffs auf Wien	Erste praxistaugliche Dampfmaschine

Auf einen Blick

Subjekt
- Autonomie des Ich
- Rationalität / Vernunft des Subjekts als Maßstab der Moral
- Pflicht zur Bildung

Universale Vernunft

Natur/Gott
- Emanzipation des Ich von Gott
- Eigengesetzlichkeit / Eigenständigkeit der Natur: Erforschung ihrer Gesetzmäßigkeiten durch Erfahrungswissenschaften
- Gottesglaube in Form des Deismus

Gesellschaft
- Erstarkung des Bürgertums
- Forderung: Toleranz; Gleichheit vor dem Gesetz
- Naturrecht
- Französische Revolution (1789–99)

Grundsätzliches

- gesamteuropäische, vom aufstrebenden Bürgertum getragene Bewegung
- Wurzeln in Renaissance und Humanismus: Sinnfrage und Organisation des menschlichen Lebens ausschließlich **aus Vernunftgründen** (rationalistisch)
- Vorbereitung bereits zuvor durch Grotius, Descartes, Spinoza (Niederlande); Hobbes, Locke, Newton, Hume (England); Leibniz (rationalistischer Idealismus; Deutschland)
- **Immanuel Kant** als wichtigster deutscher **Philosoph der Aufklärung**
- Glaube an den **Sieg der Vernunft** und an das **Fortschrittsdenken:** neues Bewusstsein und neues „Modell" zur Erklärung der Welt
- **Staatsvertrag** anstelle des Gottesgnadenkönigtums
- natürliche Religiosität / Deismus anstelle des Offenbarungsglaubens
- **natürliche Sittlichkeit** anstelle tradierter Normen der Moral
- Literatur soll **nützlich** sein: Erziehung zur Humanität – Literatur mit **lehrhaftem Charakter**
- Rationalität als neuer Maßstab
- Dichtung soll die Natur nachbilden – allmählich setzt sich aber die kreative Fantasie als zweite schöpferische Quelle durch und bereitet die Vorstellung von der Dichterpersönlichkeit vor
- frz. Vertreter: Voltaire, Rousseau, Diderot

Menschenbild

- Mensch: von Natur aus gut
- Mensch als **selbstbestimmtes Subjekt**, das sein Bewusstsein aus der Entfaltung intellektueller, psychischer und physischer Fähigkeiten gewinnt
- Bildung der **Humanität** und Erziehung zum Rationalismus
- Überwiegen der Verstandesseite führt zu Strömungen, die das Gefühl kultivieren (Empfindsamkeit, Pietismus u. a.)
- Rationalismus weckt Sehnsucht nach dem Naturzustand des Menschen

1700 – Leibniz: Erster Präsident der Preußischen Akademie der Wissenschaften

1740–1748 – Österreichischer Erbfolgekrieg

1745–1786 – Herrschaft Friedrich des Großen (Preußen)

1755 – Lessing: Miss Sara Sampson (erstes deutsches bürgerliches Trauerspiel)

1756–1763 – Siebenjähriger Krieg zw. Preußen und Österreich / Frankreich / Russland

Literarisches Leben

- Vorlesungen in deutscher Sprache durch Chr. Wolff stärken Deutsch als Kultursprache
- **Vernunftkultur** und **Bekenntnis zur Toleranz**
- zunächst **Dramen der französischen Klassik** als Vorbilder (nach Gottscheds literaturtheoretischer Regelpoetik: *Versuch einer kritischen Dichtkunst für die Deutschen*)
- dann mit Lessing: Aufwertung **Shakespeares**, Entwicklung des freieren bürgerlichen Trauerspiels (Lessings Kritik an Gottsched in seiner *Hamburgischen Dramaturgie*)
- Gottsched, seine Frau und Schüler übersetzen Voltaire, Molière, Racine und Corneille
- Städte als literarische Zentren: gebildetes **bürgerliches Lese- und Theaterpublikum**
- Ideale und Ideen der Humanität werden in der kritischen Öffentlichkeit diskutiert – Diskussionsplattformen sind: **„moralische Wochenschriften", literarische Zirkel, Streitschriften**
- Beginn freien Schriftstellertums
- Strömung der Empfindsamkeit als Gegengewicht zum Rationalismus: Kultivierung der Freundschaft; Literatur als Ausdruck des Individuums; Innenschau und Pflege edler Gefühle

Sprache und Stil, Themen und Formen

- allgemein gilt: Klarheit im Satzbau; Einfachheit im Ausdruck; **Verständlichkeit**
- frz. Vorbilder im Drama: Exemplifizierung eines moralischen Satzes anhand eines geschichtlichen Vorbildes; „Ständeklausel"; Einheit von Ort, Zeit und Handlung; oft gereimte Alexandriner
- Lessings **bürgerliches Trauerspiel:** Mitleid erregen durch mittlere Charaktere; Lösen von Ständeklausel; selbstbewusst-kritischer Blick auf absolutistische Machtform; keine Versdichtung
- Themen: (religiöse) Toleranz, Bildung, Humanität / Sittlichkeit, Erkenntnisfähigkeit des Menschen
- **lehrhafte Kurzformen** der fiktionalen Literatur (Fabel, Parabel, Lehrgedicht, Epigramm, Ode, Fortsetzungsroman) und der sachlich-philosophischen Literatur (Essay, Traktat, Aphorismen)
- Aufklärungsroman: Abenteuerroman mit belehrendem Hintergrund
- Gedankenlyrik
- Empfindsamkeit: Lyrik / Idylle, Tagebuch, Briefroman, Autobiografie (Analyse von Gefühlen)

Autoren und Werke

Johann Chr. Gottsched: *Der sterbende Cato* (Mustertragödie)
Georg Chr. Lichtenberg: Aphorismen
Gotthold E. Lessing: *Minna von Barnhelm* (Komödie), *Emilia Galotti* (bürgerliches Trauerspiel), *Nathan der Weise* (dramat. Märchen), *Hamburgische Dramaturgie* (Dichtungstheorie), Fabeln
Immanuel Kant: *Was ist Aufklärung?* (Traktat)
Christoph M. Wieland: *Geschichte des Agathon* (Roman)
Christian F. Gellert: Fabeln
Friedrich Klopstock: *Der Messias* (Epos), Gedichte der Empfindsamkeit

Zitate

„Es eifre jeder seiner unbestochnen, von Vorurteilen freien Liebe nach." *(Lessing)*
„Habe Mut, dich deines eigenen Verstandes zu bedienen!" *(Kant)*
„Lass dich deine Lektüre nicht beherrschen, sondern herrsche über sie." *(Lichtenberg)*

etwa 1770	1775	1779	1781	1783	1789–1799
Beginn der Industriellen Revolution in England	Letzter Hexenprozess in Deutschland	Lessing: Nathan der Weise	Kant: Kritik der reinen Vernunft	Erstes funktionsfähiges Dampfschiff und erste Ballonfahrt	Französische Revolution

Auf einen Blick

Subjekt
- Dichter als (Original-)Genie
- Vitalität, Emotionalität und Spontaneität
- Individualität und Freiheit des Ich statt Autoritätshörigkeit

Freiheit

Natur/Gott
- „Zurück zur Natur“ (Rousseau) – unmittelbare Empfindung für die Natur
- Natur: Quelle der Kreativität / des Unverfälschten
- Pantheismus: Mensch, Welt, All, Natur verbinden sich zur Einheit, die das Göttliche ausdrückt

Gesellschaft
- Soziale Ungleichheit, Standesschranken und absolutistisch-autoritäre Herrschaftsstrukturen
- Sturm und Drang: Literarische Revolte gegen die gesellschaftlichen Zustände

Grundsätzliches

- Wendung **gegen** den fortschrittsoptimistischen **Rationalismus der Aufklärung**
- **Aufbruchsstimmung: kraftvolle Befreiung** von gesellschaftlichen Beschränkungen
- Idealismus begründet in seiner Rationalismuskritik den Subjektivismus: Gegenstand der Erkenntnis sind Abbilder der Dinge als Produkte der geistigen Tätigkeit (Kants Erkenntnistheorie)
- seit Kants „Kopernikanischer Wende“: metaphysische Fragen nicht rational bzw. wissenschaftlich beantwortbar – Bedeutung für die Ethik: das Tun des Menschen nicht nach metaphysischen Prinzipien regelbar
- Subjektivismus, **Vorrang des Wollens vor dem Sollen** und **Gefühlskult** der Empfindsamkeit: Entdeckung des **kreativen Anteils** des Individuums an der literarischen Produktion (Schlagworte: Genie; Ideal)
- Ablösung künstlerischer Produktion von ihrer Zweckgebundenheit und weitgehende **Autonomie des Künstlers und der Schönheit des ästhetischen Werkes**
- Begriff „Sturm und Drang“: zurückgehend auf gleichnamiges Drama von Friedrich Maximilian von Klinger – alternative Epochenbezeichnungen: Geniezeit
- Vorbilder: Homer, Shakespeare, Bibel, Volksdichtung (hier vor allem Macphersons *Ossian*)

Menschenbild

- **Ideal: natürlicher und unverbildeter Mensch, Individualität** mit schrankenloser Selbstentfaltung, Befreiung von Bevormundung und von unbegründeter Autorität, Mensch als Individuum mit **Herz und Verstand** (in diesem Sinne Weiterentwicklung der Aufklärung)
- „Originalgenie“ als Begriff für den Kraftmenschen: **Dichter als Schöpfer** – Medium der Literatur als Ausdruck der Schöpferkraft des Menschen schlechthin
- Kampf um **Freiheit von Regeln / Zwängen** im ästhetischen und gesellschaftspolitischen Sinne
- Begriffe wie Herz, Fantasie und Gefühl als Ergänzung zur auf den Verstand reduzierten Vernunft
- Vordenker: J. J. Rousseau, E. Young

1766/7	1770/71	1772–1775	1771–1775	1774
Herder: Fragmente über die neuere deutsche Literatur	Herder und Goethe: Begegnung in Straßburg	„Göttinger Hainbund“: Freundschafts- und Dichterbund	Goethes Zeit in Frankfurt	Goethe: Die Leiden des jungen Werthers

- **Herder** als Wegbereiter des Sturm und Drang: fordert programmatisch Rückkehr zur natürlichen Sprache, zum ‚Gesang der Natur' und zu nationaler Originalität
- Vorbereitung der Betonung der Irrationalität des menschlichen Lebens durch den Königsberger Philosophen J. G. Hamann (*Sokratische Denkwürdigkeiten*)
- sozialreformatorische Forderung: **Gleichheit aller Menschen**

Literarisches Leben

- Träger der jungen Bewegung: hauptsächlich gebildete Männer aus dem Bürgertum
- „**Göttinger Hain**" (Mitglieder u. a. Boie, Voss, Hölty, Graf Stolberg): Freundschafts- und Dichterbund überwiegend norddeutscher Studenten – Vorbild Klopstock und Nähe zur Empfindsamkeit
- Zentren: **Straßburg** (Herder, Lenz, Goethe); **Frankfurt** (Goethe, Schlosser, Klinger); **Schwaben** (Schiller, Schubart); **Göttingen**
- heftige Kritik an Empfindsamkeit und Geniekult durch Nicolai und Lichtenberg
- Herder als gemeinsamer Bezugspunkt der meisten Schriftsteller des Sturm und Drang
- Abkehr von Regelpoetiken

Sprache und Stil, Themen und Formen

- Kraftausdrücke, Dialekt etc. als Ausdruck natürlicher Sprache
- Gefühlsbetontheit/Leidenschaftlichkeit der Sprache: Ausrufe, Hyperbeln, starke Bildlichkeit etc.
- Leitbegriffe und Leitthemen: **Herz**, Natur, Abend, Nacht, Freundschaft, **Liebe**, Einsamkeit, **Freiheit**, Brüderlichkeit, Gleichheit, politischer Widerstand, Einstehen für Gerechtigkeit
- Lyrik: beeinflusst von Klopstocks Oden; **Erlebnislyrik:** unmittelbarer Ausdruck des Gefühls (bevorzugt Liebeslyrik)
- Dramen: geschichtlich verortbare Stoffe mit **Kritik an autoritären Strukturen**
- Orientierung der Dramenform an Shakespeare: Abkehr vom hohen Stil der aristotelischen Tragödie; Tendenz zur **freieren Form des offenen Dramas**
- Briefroman als Gestaltungsmöglichkeit der individuellen Perspektive einer Romanfigur

Autoren und Werke

Johann G. Herder: *Von deutscher Art und Kunst* (Sammlung programmatischer Schriften)
Johann W. v. Goethe: *Prometheus* (Ode), *Die Leiden des jungen Werthers* (Briefroman), *Götz von Berlichingen* (Drama), *Urfaust* (Drama), *Sesenheimer Lieder* (Sammlung mit Erlebnislyrik)
Friedrich Schiller: *Die Räuber* (Drama), *Kabale und Liebe* (Drama)
Friedrich M. Klinger: *Sturm und Drang* (Drama)
Jakob R. M. Lenz: *Die Soldaten* (Drama)
Gottfried A. Bürger: Balladen (u.a.: *Lenore*)

Zitate

„Hier sitz' ich, forme Menschen / Nach meinem Bilde, / Ein Geschlecht, das mir gleich sei, / Zu leiden, zu weinen, / Zu genießen und zu freuen sich, / Und dein nicht zu achten, / Wie ich!" (*Goethe*)
„Du hast noch eine Klugheit neben deiner Liebe?" (*Schiller*)
„Uns, uns ein hoher seelenverklärender / Gedanke! Freiheit! Freiheit! wir fühlen dich!" (*Stolberg*)

ab 1775	1776	1779	1782	1784
Goethe in Weimar: dichterisches und politisches Wirken	Klinger: Sturm und Drang; Lenz: Die Soldaten	Goethe: Leiter der Weimarer Kriegskommission / der Straßenbauverwaltung	Schiller: Die Räuber (Aufführung in Mannheim); Schillers Flucht aus Stuttgart	Schiller: Kabale und Liebe

Auf einen Blick

Subjekt
- Ästhetische Erziehung des Menschen
- Freiheit und Verantwortlichkeit
- Ausgleich zwischen Verstand und Gefühl, zwischen Individuum und Gesellschaft

Humanität
Harmonie
„schöne Seele"

Natur/Gott
- Deismuskonzept der Aufklärung
- Natur als Untersuchungsgegenstand (Goethes Farben- und Formenlehre)
- Harmonischer Ausgleich zwischen Mensch und Natur

Gesellschaft
- Französische Revolution (1789–99)
- Ziele der Klassik: Verbesserung der Gesellschaft durch Bildung: Humanität, Freiheit, Moralität
- Gesellschaft als Projekt

Grundsätzliches

- Begriff der Klassik: Bezeichnung für Epochen einer **hohen Kulturstufe mit Vorbildcharakter** – klassische Phasen in Europa: Renaissance in Italien, spanische Klassik (Cervantes, Calderon), englische Klassik (Shakespeare, elisabeth. Zeitalter), französische Klassik (Racine, Corneille)
- **Weimarer Klassik** als deutsche klassische Epoche: Beginn mit Goethes Italienreise (1786), Ende mit Schillers Tod (1805); gelegentlich ist mit dem Epochenbegriff auch nur die Zeit der engeren Zusammenarbeit von Schiller und Goethe in Weimar gemeint (1795–1805)
- weitere in Weimar wirkende Autoren: C. M. Wieland, J. G. Herder (bilden zusammen mit Goethe und Schiller das sogenannte „Viergestirn")
- Winckelmanns Kunsttheorie: Anregungen für Klassik-Verständnis der Antike – **Einfachheit, Maß, Harmonie** von Körper und Geist als Bedingung abendländischer ‚Größe'
- Neubearbeitung antiker Stoffe im Geist der Humanität (z. B. *Iphigenie auf Tauris*)
- parallel zu Klassik/Romantik ohne klare Epochenzugehörigkeit: H. v. Kleist, J. Paul, Fr. Hölderlin
- **Ideale des Guten, Wahren, Schönen**

Menschenbild

- Leitgedanken: **Harmonie, Würde, Humanität**, Autonomie, Toleranz, Selbstbestimmung
- Ideal: die volle Entfaltung aller moralischen, intellektuellen und kreativen Möglichkeiten, die durch die Beschäftigung mit der autonomen Kunst gebildet werden sollen
- Abschied vom subjektivistischen Ich-Verständnis des Sturm und Drang
- Ästhetik als **Gegenentwurf zu den Schrecken der Französischen Revolution:** nicht die Gesellschaft erzieht den Einzelnen, sondern Selbsterziehung durch Bildung
- Verbesserung gesellschaftlicher Zustände durch **ästhetische Selbstbildung** des Einzelnen zur Harmonie (Leitbilder in Plastiken und Tragödien der griechischen Antike)
- Postulat eines **inneren Sittengesetzes** (Kategorischer Imperativ)
- Leitbild: Jeder Mensch trägt die natürlichen Anlagen zur sittlichen Selbstbestimmung in sich

1786–1788	1789	1789–1799	1790	1792–1797	1795–1797
Goethes italienische Reise	Goethe: Iphigenie auf Tauris	Französische Revolution	Goethe: Römische Elegien; Faust. Ein Fragment	1. Koalitionskrieg: Frankreich vs. Österreich und Preußen	Monatsschrift „Die Horen"

- Ziel: **Ausgleich der Gegensätze** zwischen Verstand und Gefühl, Geist und Natur, Gesetz und Freiheit, Pflicht und Neigung, Anspruch der Gesellschaft und Recht des Einzelnen
- verschiedene Harmoniekonzepte: Goethes „Naturidealismus" und Schillers „Vernunftidealismus" (siehe Doppelstatue in Weimar: Goethes Blick geerdet und Schillers Blick in die Ferne)

Literarisches Leben

- Förderung durch den **Weimarer Hof** des Herzogtums Sachsen-Weimar-Eisenach
- klassisches Weimar („Musenhof"): Gesellschaft aus **gebildeten Angehörigen des Bürgertums** und Adels – deutsches Zentrum des geistigen Lebens (Herder, Wieland, Goethe, Schiller)
- freundschaftliche Verbindung von **Goethe** und **Schiller:** zum Teil enge Zusammenarbeit (z. B. die gemeinsam verfassten *Xenien*, eine Sammlung von polemischen, kulturpolitischen Distichen)
- von Schiller gegründete, programmatische Monatsschrift *Die Horen* (1795–1797)
- Ziel der literarischen Zusammenkünfte: **Veredelung des Menschen durch die schöne Kunst**
- Goethe als Direktor des Weimarer Hoftheaters von 1791–1817
- neben literarischer Produktion auch **wissenschaftliche, historische und philosophische Studien** wichtig – zugleich Blüte der idealistischen Philosophie
- Ideal: Weltbürgertum (statt aufkommender Nationalstaatsidee während der Napoleon-Kriege)

Sprache und Stil, Themen und Formen

- **Maß, Gesetz und Formstrenge**, die sich in Inhalt, Sprache und Aufbau harmonisch verbinden (Ethos der Form)
- Drama: metrisch gebundene Sprache (Blankvers), hoher Stil, wenig Individualität im Ausdruck
- Anverwandlung antiker Vorbilder, Rückgriffe auf antike Mythologie und geschichtliche Stoffe
- im **Besonderen** kommt das **Allgemeingültige** zum Ausdruck; Verallgemeinerbarkeit der Stoffe
- Themen: **Humanität, Freiheitsidee, Harmonie von Pflicht und Neigung**
- statt Individualität und Subjektivität des Sturm und Drang nun allgemeine **Menschlichkeit und Wahrheit:** Konflikte verlagern sich ins Innere der stilisierten und idealisierten Figuren
- Ideal der **„schönen Seele"**: Verkörperung der spannungsvollen Harmonie
- Lyrik: klassische Formen (z. B. Elegien, Epigramme)
- Verwendung der aristotelischen Dramenform (geschlossene Form)
- Epik: vor allem Bildungsroman

Autoren und Werke

Johann W. von Goethe: *Iphigenie auf Tauris, Torquato Tasso, Faust. Ein Fragment* (Dramen), *Wilhelm Meister*-Romane, *Römische Elegien* (Gedichte)

Friedrich Schiller: *Wallenstein, Maria Stuart, Wilhelm Tell* (Dramen), Balladen/Gedichte, *Über die ästhetische Erziehung des Menschen* (programmatische Abhandlung)

Zitate

„Edel sei der Mensch, hilfreich und gut." *(Goethe)*
„Denn die Kunst ist eine Tochter der Freiheit." *(Schiller)*
„Edle Einfalt, stille Größe." *(nach Winckelmann)*

1798/9–1801/2	1799	1800	1803	1804	1805
2. Koalitionskrieg: Russland, Österreich, Großbritannien vs. Frankreich	Hölderlin: Hyperion	Schiller: Maria Stuart	Reichsdeputationshauptschluss: Entschädigung deutscher Fürsten	Krönung Bonapartes zum französischen Kaiser Napoleon I.	Schillers Tod

Auf einen Blick

Subjekt
- Gratwanderung Autonomie (bürgerl. vs. poet. Existenz)
- Entgrenzung des Ich – Blick nach innen

Romantisieren der Welt

Natur/Gott
- Natur: Landschaft, Spiegel der Seele, Ort der Sehnsucht
- Gott: Anwesenheit in der Natur
- Romantisierung des Christentums

Gesellschaft
- Industrialisierung: Mensch als Zweck
- Bürgerliches Philistertum und politische Ohnmacht
- Ziel der Rom.: Gesellschaft poetisieren

Grundsätzliches

- teilweise parallel zu Klassik und Vormärz
- europäische Bewegung
- **Gegenbewegung zum Nützlichkeitsdenken der Aufklärung** und zur **Verzwecklichung** des Menschen in der Industrialisierung
- geistesgeschichtlich die letzte Stufe des Idealismus (prägend: Kant, Fichte, Schelling)
- Gemeinsamkeit mit Klassik: **hohe Einschätzung der Kunst** („Kunstperiode“)
- weiterhin hohe Wertschätzung des **Gefühls** (wie im Sturm und Drang/in der Empfindsamkeit)
- weiterhin Hinwendung zur Volksliteratur
- drei Phasen: Frühromantik (1795–1804), Hochromantik (1804–15) und Spätromantik (1815–30)
- Bewusstsein für **Verlust der Einheit der Welt, des Ich** und von **Mensch und Natur, Kunst und Leben** – Ausrichtung auf **Wiederherstellung** dieser Einheit in der Literatur
- statt ästhetischer Erziehung (im Sinne Schillers) **Poetisierung** des Lebens und der Gesellschaft
- parallel zu Klassik/Romantik ohne klare Epochenzugehörigkeit: H. v. Kleist, J. Paul, Fr. Hölderlin
- Rückbesinnung auf verlorene Vergangenheit (bei manchen Autoren Hinwendung zum christlichen Mittelalter als „goldenem Zeitalter“, das es wiederzuerlangen gilt)
- Heinrich Heine als „letzter Dichter der Romantik“: Überwindung und Ironisierung der Romantik

Menschenbild

- der Blick geht nach innen im Sinne einer Entdeckung des Unbewussten: zum einen **fantastisch** überformter Blick ins Innere als **positive Gegenwelt**, zum anderen **Nachtseiten der Psyche**
- Entgrenzung des Menschen – hin zum Traum, zum **Wunderbaren**, aber auch zum **Wahnsinn**
- Hochschätzung von **Traum** und **Sehnsucht**
- aufgrund realpolitischer Ohnmacht und **gegen die Eintönigkeit des bürgerlichen Alltags:** Fokus auf intensivem Erleben (und nicht mehr auf der vernunftgemäßen Veränderung) der Welt
- Suche des Menschen nach Wiederherstellung des verloren gegangenen **Sinnzusammenhangs**

1789 – 1799	1795 – 1804	1798–1800	1798/9 –1801/2	1804–1815	1804
Französische Revolution	Frühromantik	Gebrüder Schlegel: programmatische Zeitschrift „Athenäum“	2. Koalitionskrieg: Russland, Österreich, Großbritannien vs. Frankreich	Hochromantik	Krönung Bonapartes zum französischen Kaiser Napoleon I.

Literarisches Leben

- Zentren: **Jena** (Frühromantik um die Brüder Schlegel), **Heidelberg** (vor allem Hochromantik um Arnim, Brentano, Eichendorff), **Berlin** (Frühromantik, aber vor allem Spätromantik)
- **literarische Salons** (besonders auch von Frauen – z. B. Caroline Schlegel und Rahel Varnhagen)
- Zeitschrift „Athenäum“ der Brüder Schlegel als maßgebliches Organ der Frühromantik
- Fülle an Übersetzungen von Werken der Weltliteratur (z. B. Shakespeare, Cervantes, Calderon)
- Künstler: schmaler **Grat** zwischen **bürgerlichem Alltagszwang** und **poetischer Existenz**
- Schlegels Maßgabe für romantische Literatur: „Progressive Universalpoesie“
  – Integration verschiedener Gattungen und Künste, von Philosophie und Kritik etc.
  – eigentliches Wesen der romantischen Poesie: unabschließbar und immer im Werden
- Dichter als Künder der Wahrheit
- Sammlung und Herausgabe von Märchen und Liedern (Hinwendung zur Volkspoesie)

Sprache und Stil, Themen und Formen

- leicht verständliche Sprache in volksliedhafter Lyrik; Wohlklang und Wortmusik (z. T. Aufhebung der Grenzen zur Lyrik), Sprachmagie
- **absolute Autonomie** des Dichters: Aufhebung aller Regeln (gegen Harmonieideal der Klassik)
- **„Romantische Ironie“** (Brechungen der Abgeschlossenheit eines Werks und der universalen Weltschau im Paradoxen, im Grotesken und im metafiktionalen Erzählen)
- Themen und Motive: **Sehnsucht, Traum, Wahnsinn**, Entgrenzung, Einsamkeit, Schwermut, Vergänglichkeit, Reisen und Wandern; Nacht, Tal, Berg, Wunderbares und Fantastisches
- thematisch **gegen Philistertum und Bürgerlichkeit** gerichtet
- Idealisierung des Mittelalters
- **„Blaue Blume“** als Symbol für die metaphysische Sehnsucht nach dem Fernen / Unerreichbaren
- Ur-Motiv der Nacht, in der die innere ersehnte, sinndurchwaltete Gegenwelt wirklich wird
- **Roman als universale Form**, deren Teil die Lyrik ist – das Ganze im Fragment
- Formen: vor allem Epik (Roman, Novelle, Erzählung / Märchen) und Lyrik; kaum Dramen

Autoren und Werke

Ludwig Tieck: *Der gestiefelte Kater* (Komödie), *Franz Sternbalds Wanderungen* (Roman)
Novalis: *Heinrich von Ofterdingen* (Romanfragment), *Hymnen an die Nacht* (Gedichtzyklus)
Clemens Brentano / Achim v. Arnim (Hrsg.): *Des Knaben Wunderhorn* (Volklied-Sammlung)
Joseph v. Eichendorff: *Aus dem Leben eines Taugenichts* (Novelle), Gedichte
Brüder Grimm: *Kinder- und Hausmärchen* (Märchen-Sammlung)
E. T. A. Hoffmann: *Die Elixiere des Teufels* (Roman), *Der Sandmann*, *Der goldne Topf* (Novellen)
Karoline v. Günderrode: Gedichte

Zitate

„Schläft ein Lied in allen Dingen“ *(Eichendorff)*
„Es gibt keinen wahren Realismus als den der Poesie.“ *(Fr. Schlegel)*
„Dichter und Priester waren im Anfang eins.“ *(Novalis)*
„Hüll’ dich in Nacht, sie stillet dein Verlangen.“ *(Günderrode)*

1806	1813–1815	1814/15	1815–1830	1819	1830
Ende des „Heiligen Römischen Reiches deutscher Nation“	Befreiungskriege gegen Napoleon	Wiener Kongress: Neuordnung Europas / Beginn der Restauration	Spätromantik	Karlsbader Beschlüsse	Julirevolution in Frankreich

Vormärz und Junges Deutschland *ca. 1815 bis 1848*

Auf einen Blick

Subjekt
- Anspruch auf Gleichberechtigung aller Menschen
- Mensch als politisches Wesen

Revolution

Natur/Gott
- Religiosität im Dienste des sozialen und politischen Umsturzes
- Mensch als Produkt natürlicher und gesellschaftlicher Abläufe = Diesseitsorientierung

Gesellschaft
- Restauration nach dem Wiener Kongress
- Vormärz-Literatur: Kampf gegen staatliche Zensur und Repressionen

Grundsätzliches

- Vormärz: **geschichtlicher Begriff** für die Zeit zwischen der **französischen Julirevolution (1830)** und der **deutschen Märzrevolution (1848)** – im weiteren Sinne für die Zeit der politischen Restauration (nach dem Wiener Kongress 1815 bis 1848)
- parallel zur Biedermeierzeit
- Träger der Bewegung: junge Intellektuelle und liberales Bürgertum
- ideengeschichtlich: Abgrenzung gegen den Idealismus
- Verarbeitung der unruhigen Zeit: **progressiv-demokratische Ausrichtung gegen reaktionär-restaurative Politik** (gegen Zensur, Bespitzelung, Unterdrückung der Meinungsfreiheit)
- **„Junges Deutschland“: literarische Bewegung** mit **liberaler Gesinnung** und **politischem Engagement**
- Kunst als Mittel des politischen Kampfes
- **Büchner und Heine** werden dem Vormärz zugerechnet, ragen aber über die Menge der Journalisten und zeitgebundenen Autoren und Autorinnen hinaus (durch ihre Bearbeitung allgemeinerer „humanistisch-literarischer“ Themen)
- Heine: „Ende der Kunstperiode“ (Ende der Klassik und der Romantik)

Menschenbild

- seit der Aufklärung einsetzende wissenschaftlich-empirische Perspektive: Theorien der sozialen und natürlichen **Determinierung des Verhaltens** ändern das Menschenbild
- soziale Verhältnisse werden als von der Gesellschaft gestaltet, d. h. als **veränderbar** begriffen: Forderung nach Mitbestimmung
- Augenmerk besonders auf innerweltliche Bedingungen des Menschen gerichtet
- Freiheit des Einzelnen in der Gesellschaft wird als stark beschränkt aufgefasst
- Vorwurf gegen den Idealismus: unrealistisches und unpolitisches Menschenbild

1814/15	1817	1819	1830	1831
Wiener Kongress: Neuordnung Europas / Beginn der Restauration	Wartburgfest: politische Studentenversammlung	Karlsbader Beschlüsse: Pressezensur und Stützung der autoritären Strukturen	Julirevolution in Frankreich	Heine geht nach Paris

Literarisches Leben

- durch Forderung nach Mitgestaltung: gesteigertes Informationsbedürfnis – bis zu 80 % der Bevölkerung als mögliche Leserschaft
- Leihbibliotheken eröffnen zunehmend Informationsmöglichkeit auch für ärmere Schichten
- steigende Auflagenzahlen: Zeitschriften, Zeitungen, Bücher
- **publizistische Tätigkeit** der Schriftsteller: Flugblätter, Streitschriften etc. – Präferenz für **Tagesliteratur**
- Ziel ist die Meinungsbildung: **Presse als Kampfmittel**
- Aufgabe der Literatur: **Kampf gegen soziales Elend und Unterdrückung**
- politische Zensur (Karlsbader Beschlüsse, 1819) erschwert publizistisch-literarische Arbeit
- „Junges Deutschland" (u. a. Karl Gutzkow, Heinrich Laube, Theodor Mundt, Ludwig Börne – Heinrich Heine wird auch dazu gezählt): lose Verbindung durch **oppositionelle, revolutionäre Ausrichtung**, aber keine literarische Schule oder politische Gruppe im eigentlichen Sinne
- Büchner teilt die revolutionären Ziele der Jungdeutschen, distanziert sich jedoch von ihnen; kein Glaube an Umsturz durch Tagesliteratur – Büchner wird, wie viele andere mit diesem Gedankengut, politisch verfolgt
- **Verbot der Jungdeutschen** 1835 als „staatsgefährdend"

Sprache und Stil, Themen und Formen

- Literatur soll wirken: Themen und deren Aufbereitung bewusst populär
- **populärer Stil, einfache und verständliche Sprache**, z. T. der Umgangssprache angepasst, Benutzung von Dialekten
- insbesondere bei Heine: Ironie als Mittel der Kritik
- Themen: **soziale, politische Missstände**, Antihelden; kritischer Blick auf Deutschland (Heine)
- literarische Formen an der Grenze zur **Publizistik: Reiseberichte, Briefe, politische Lyrik**
- sonstige literarische Formen: Drama (v. a. Büchner); Gedichte; Versepen (v. a. Heine)

Autoren und Werke

Ludwig Börne, Ferdinand Freiligrath, Georg Herwegh: Artikel, Streitschriften, Gedichte
Karl Gutzkow: *Wally die Zweiflerin* (Roman)
Heinrich Heine: Reiseberichte, Gedichte, Essays, *Deutschland. Ein Wintermärchen, Atta Troll. Ein Sommernachtstraum* (Versepen)
Georg Büchner: *Woyzeck, Dantons Tod* (Dramen), *Lenz* (Erzählung), *Der Hessische Landbote* (Flugschrift)
Christian D. Grabbe: *Die Hermannsschlacht*

Zitate

„Friede den Hütten! Krieg den Palästen!" *(Büchner)*
„Es ist keine Kunst, ein ehrlicher Mann zu sein, wenn man täglich Suppe, Gemüse und Fleisch zu essen hat." *(Büchner)*
„Denk ich an Deutschland in der Nacht, dann bin ich um den Schlaf gebracht." *(Heine)*
„Reißt die Kreuze aus der Erden, alle sollen Schwerter werden." *(Herwegh)*

1832	1833	1834	1835	1844	1848
Hambacher Fest: kritische Versammlung	Frankfurter Wachensturm	Büchner: Der Hessische Landbote	Verbot der Jungdeutschen / Büchners Flucht nach Straßburg	Schlesischer Weberaufstand	Marx, Engels: Kommunistisches Manifest / Deutsche Märzrevolution

Biedermeier *ca. 1815 bis 1848*

Auf einen Blick

Subjekt
- Glück im Einfachen, in der Familie, im Schönen
- Selbstbescheidung, Zähmung der Leidenschaften

Tradition und Privatheit

Natur/Gott
- Private Frömmigkeit
- Harmonie der Innerlichkeit bewahren: Natur und Geist im Schönen verbinden
- Trost in der Naturbetrachtung

Gesellschaft
- Restauration nach Wiener Kongress – resignativer Rückzug ins Private
- Konservative Werte, Ordnung und Maß, kein Aufbegehren

Grundsätzliches

- Biedermeier: Bezeichnung leitet sich her von der Spottgedichtesammlung *Gedichte des schwäbischen Schulmeisters Gottlieb Biedermaier* (1855–57)
- „Biedermeier" auch als Stilbegriff für die bürgerliche Wohnkultur dieser Zeit gebräuchlich
- (zum Teil) parallel zur späten Romantik sowie zu Vormärz und Jungem Deutschland
- an Klassik (Humanität, Harmonie) und Romantik (Idee des Schönen) anknüpfend
- Aufgabe der Literatur: Erbe des Idealismus tradieren
- **unpolitisch und wertekonservativ: Abwendung vom Zeitgeschehen** bzw. eher zur Restauration tendierend
- biedermeierliches Lebensgefühl häufig von **Schwermut, Resignation und Stille** geprägt
- typisch biedermeierliche Haltung: der als gefährdet wahrgenommenen Lebenssituation durch **Ordnung und Vernunft** begegnen
- **Idyllisierung** zur Überbrückung des wahrgenommenen Gegensatzes von Ideal und Wirklichkeit
- Landschaftsgebundenheit vieler Autoren
- in der Biedermeierzeit große Bandbreite der Literatur – von trivial-dilettantischer Literatur bis hin zu großen Werken wie *Die Judenbuche* von Droste-Hülshoff oder *Der Nachsommer* von Stifter

Menschenbild

- Erbe der Klassik: Entwicklung des Menschen als Bildung zur inneren Harmonie
- Unterschied zur Klassik: **Absage an gesellschaftspolitischen Anspruch** ästhetischer Bildung
- Erbe der Romantik: Ehrfurcht vor dem Schönen
- Unterschied zur Romantik: Aufgeben der Selbst-Entgrenzung und des radikalen Subjektivismus
- Werte der **Selbstbescheidung** und der **Selbstgenügsamkeit**
- Haltung der **Mitte und des Maßes**
- Kunstsinn, Familiensinn und Sinn für das Bescheidene bestimmen innere Entwicklung
- Spannung: Bedrohung des Idylls durch äußere und innere Kräfte

1814/15	1817	1819	1825	1830
Wiener Kongress: Neuordnung Europas / Beginn der Restauration	Wartburgfest: Politische Studentenversammlung	Karlsbader Beschlüsse: Pressezensur und Stützung der autoritären Strukturen	Gründung des *Börsenvereins der Deutschen Buchhändler*	Julirevolution in Frankreich

Literarisches Leben

- Gründung des *Börsenvereins der Deutschen Buchhändler* (1825) und Gesetze zum Schutz des Urheberrechts (1837 und 1845)
- Pflege der literarischen Tradition im Theater, im Zeitschriftenwesen, im Verlagswesen
- Weitergabe der Klassiker im Bildungswesen
- Sammlung von Werken in Ausgaben
- Träger der Biedermeier-Literatur: **gebildetes Bürgertum**
- anspruchsvolle Literaten der Biedermeierzeit: häufig **gefährdete Charaktere** (Schwermut, Hypochondrie, Suizidgefahr, Hypersensibilität)
- private Zirkel mit Interesse für Wissenschaft, Literatur und Musik
- Trivial-Biedermeier: große Zahl von Belletristik mit Tendenzen zum Dilettantismus
- Literatur versteht sich als unpolitisch; hierbei: Fortwirken der Ästhetik der Klassik unter Wegfall der politischen Dimension
- **keine ästhetische oder theoretische Programmatik** (im Unterschied zur vorangehenden Romantik und zum nachfolgenden Realismus)

Sprache und Stil, Themen und Formen

- meist **schlichte, verständliche Sprache**; dabei Hochschätzung der Bildlichkeit
- Geringachtung der Form – stattdessen Vorliebe für Lebensnähe
- **Detailgenauigkeit** in der Beschreibung
- Themen: **Familie, Ordnung und bürgerliche Beschaulichkeit**, das Idyllische, Unterordnung unter das Schicksal, Verzicht und Entsagung
- Schaffen einer **heilen poetischen Welt**, die der Realität entgegengestellt wird
- Dramen: klassizistische Stücke, Lustspiele, Dramen für die Volksbühne
- Lyrik: häufig in Gedichtzyklen, Tendenz zur **Volksliedhaftigkeit**, Balladen eher mit **epischen** als mit dramatischen **Zügen**
- Epik: eher **kleinere Formen** – Novelle, Erzählungen, Märchen, Idylle; zum Teil aber auch größere Form des Romans (Entwicklungsroman)

Autoren und Werke

Heinrich Clauren: *Mimili* (Erzählung)
Eduard Mörike: *Mozart auf der Reise nach Prag* (Novelle), *Auf eine Lampe* (Dinggedicht), Gedichte
Adalbert Stifter: *Der Hochwald* (Erzählung), *Brigitta* (Erzählung), *Der Nachsommer* (Roman)
Annette v. Droste-Hülshoff: *Die Judenbuche* (Novelle), *Der Knabe im Moor* (Ballade), Gedichte
Franz Grillparzer: *König Ottokars Glück und Ende* (Tragödie), *Der arme Spielmann* (Novelle)
Jeremias Gotthelf: *Die schwarze Spinne* (Novelle)

Zitate

„Ich möchte, wär's möglich, stehen bleiben, wo Schiller und Goethe stand." *(Grillparzer)*
„Bewunderung des Schönen, verbunden mit einem heiter gelassenen Sterben." *(Stifter)*
„Wir sind, um in *einem* Worte das ganze Elend auszusprechen, Epigonen und tragen an der Last, die jeder Erb- und Nachgeborenschaft anzukleben pflegt." *(Immermann)*

1833 Frankfurter Wachensturm
1835 Verbot der Jungdeutschen
1842 Stifter: Der Hochwald
1843 Gotthelf: Die schwarze Spinne
1843 Mörike: Auf eine Lampe (Dinggedicht)
1848 Marx, Engels: Kommunistisches Manifest / Deutsche Märzrevolution

Poetischer/Bürgerlicher Realismus *ca. 1848 bis 1890*

Auf einen Blick

Subjekt
- Bürgerliches Subjekt im Zentrum
- Psychologische Differenziertheit
- Mensch als bedingtes Wesen

Verklärende Objektivität

Natur/Gott
- Säkularisierung und Entchristlichung
- Materialistische Deutungsmuster
- Natur als Gegenstand der Empirie
- Pessimistische und entmythisierende Philosophie

Gesellschaft
- Bürgerliche Prägung der Gesellschaft
- Nationalstaatlichkeit, Fortschrittsglaube
- Proletarisierung, Urbanisierung (von Realismus kaum thematisiert)

Grundsätzliches

- Realismus: Bezeichnung für literaturgeschichtliche Epoche, aber epochenübergreifend auch für ein literarisches Schreiben, das die Wirklichkeit in ihrer unmittelbaren Erscheinung darstellen will
- gesamteuropäische Epoche – Übernahme und Weiterentwicklung wesentlicher Elemente der gesamteuropäischen Epochen Aufklärung und Romantik
- Präzisierung in deutscher Literaturgeschichte: ***Poetischer Realismus*** (Betonung der Verklärung durch Literatur) oder ***Bürgerlicher Realismus*** (Betonung von Herkunft, Ziel, Thema der Literatur)
- Grundzug der Epoche: **Hinwendung zur (meist bürgerlichen) Realität**
- historischer Hintergrund wesentlicher Veränderungen in der zweiten Hälfte des 19. Jahrhunderts:
  - **Industrialisierung** und naturwissenschaftliche Erkenntnisse: Erfindungen in Medizin/Technik, Fortschrittsglaube; dabei Folgen der Industrialisierung wie Landflucht, Proletarisierung etc.
  - Scheitern der Revolution (1849), später aber Gründung eines deutschen Nationalstaats (1871)
  - Säkularisierung: **Orientierungslosigkeit** durch Verlust traditioneller Normen und Bindungen; Dominanz **materialistischer Deutungs- und Beschreibungsmuster** (Materialismus, Atheismus, Sozialismus, Darwinismus, Empirie, Positivismus)

Menschenbild

- **Wertekonservatismus**; teilweise Selbstverständnis sittlicher Überlegenheit im Bürgertum
- Glück durch **Selbstbescheidung und Kompromiss**
- Leugnung der Prämisse des Idealismus, Welt und Mensch seien a priori gemäß dem Konzept einer höheren Vernunft gestaltet (vgl. Leibniz, Schelling, Hegel); dabei Übernahme aus idealistischer Tradition: Forderung humanen Handelns, aber ohne Rückbindung an transzendente Norm
- Entdeckung der Beschränktheit und umfassenden **Bestimmtheit des Menschen** – deterministische Naturauffassung (Haeckel, Darwin); Auflösung religiöser Sicherheiten (Feuerbach, Strauß)
- Gleichberechtigung in der Gestaltung öffentlicher Angelegenheiten eingefordert
- pessimistischer philosophischer Einfluss durch Fr. Nietzsche und A. Schopenhauer

1848/49	1859	1870–71	1871	1873
Märzrevolution und deren Scheitern	Darwin: Über die Entstehung der Arten	Deutsch-französischer Krieg	Gründung des Deutschen Reiches; erster deutscher Kaiser: Wilhelm I.; Beginn der Bismarck-Ära	Weltwirtschaftskrise beendet die „Gründerjahre“

Literarisches Leben

- Familienzeitschriften sorgen für große Beliebtheit des Fortsetzungsromans
- Verbreiterung des Lesepublikums: neben gehobener Literatur steigender Bedarf an **Unterhaltungsliteratur** (z. B. Abenteuerromane)
- Autoren gehören meist zum Bürgertum, für das sie schreiben, dessen Alltag ihr Thema ist und das Wirtschaft, Wissenschaft, Kunst, Musik und Literatur prägt
- **Selbstverständnis** des Dichters: **bürgerlicher Arbeiter** – Verpflichtung zu anständiger Verarbeitung des Stoffs, zu Perfektion von Form, Stil und Komposition, zu Mäßigung der Subjektivität
- Vorbilder: u. a. *Madame Bovary* (G. Flaubert), *Oliver Twist* (Ch. Dickens), *Anna Karenina* (L. Tolstoi)

Sprache und Stil, Themen und Formen

- **Programmatik:** Ächtung der sogenannten Reflexionspoesie, Forderung nach **‚objektiver' Darstellung** sittlicher Verhältnisse – Ziel: verklärende Bewältigung der wertfrei ermittelten Realität
- mittlerer Stil: **gewählte Sprache**, dabei **Milieugebundenheit** der Figuren
- **Abgrenzung** gegen hohen Stil und Vorrang der Idee (Klassik), gegen Vorrang der Fantasie und Innerlichkeit (Romantik), gegen niederen Stil und Vorrang der politischen Funktion (Vormärz)
- Abgrenzung gegen naturwissenschaftliche Wirklichkeitserfassung: Wirklichkeit soll unter **poetisches Formgesetz** gestellt sein (Dichtung ist nicht naturwissenschaftliche Beschreibung)
- Stil: **Humor** und **Ironie**; Darstellung aus der neutralen Beobachterrolle
- **Ausklammerung des Hässlichen und Niederen** (z. B. Sexualität und Krankheit)
- psychologische Differenziertheit in der Persönlichkeitsdarstellung (psychologischer Realismus)
- z. T. ironisch gefärbte Übernahme des Idylls und der Privatsphäre aus dem Biedermeier
- historische Stoffe (C. F. Meyer; Th. Storm); Hauptfigur stammt meist aus **Bürgertum** oder aus dem **Adel**; Lebensraum und -weise **kleinstädtischer/ländlicher Regionen** bspw. bei G. Keller
- zeitlose Themen: **Liebe, Vergänglichkeit, Heimat, Naturerleben** etc.
- Forderung an Literatur: Lebensechtheit, Wirklichkeitsentsprechung, Zeigen der Alltagswelt
- **keine Beachtung der Proletarisierung, sozialen Frage** und **Verelendung in den Städten**
- Formen: v. a. Epik – Novelle (als geschlossenste Form der Erzählung), Roman (späte Blüte des Gesellschaftsromans bei Fontane), Erzählung; Lyrik (Erlebnislyrik, Dinggedichte, Balladen)

Autoren und Werke

Theodor Fontane: *Effi Briest, Frau Jenny Treibel, Der Stechlin* (Romane), Gedichte / Balladen
Theodor Storm: *Der Schimmelreiter* (Novelle), Gedichte
Gottfried Keller: *Der Grüne Heinrich* (Entwicklungsroman), *Romeo und Julia auf dem Dorfe* (Novelle)
Wilhelm Raabe: *Der Hungerpastor* (Roman)
Conrad Ferdinand Meyer: *Das Amulett* (Historische Erzählung), Gedichte / Balladen

Zitate

„Widerspiegelung alles wirklichen Lebens, aller wahren Kräfte und Interessen im Elemente der Kunst." *(Fontane)*
„Nun aber ist Gott nichts anderes als das abgezogene, fantastische, durch die Einbildungskraft verselbständigte Wesen des Menschen und der Natur." *(Feuerbach)*

1874	1877	1888	1883	1883/84	1890
Wagner: Der Ring des Nibelungen	Berlin: erste Millionenstadt	Tod Kaiser Wilhelm I.	Daimler: Patent auf Automotor	Einführung erster Sozialversicherungen	Wilhelm II. entlässt Bismarck

Naturalismus *ca. 1880 bis 1900*

Auf einen Blick

Subjekt
- Mensch als Produkt der gesellschaftlichen Verhältnisse
- Radikale Kritik des Bildungsgedankens

Natur/Gott
- Gott kein Thema
- Entmythifizierung der Natur
- Naturwissenschaft als Leitbild
- Großstadt als „natürliche Umgebung"

Determination

Gesellschaft
- Verelendung unterer Schichten
- Soziales Milieu als Determinante
- Klassengegensätze
- Naturalismus: Kritik an den Zuständen

Grundsätzliches

- Naturalismus: im eigentlichen Sinn **radikalisierter, konsequenter Realismus** – Wegfall der verklärenden Poetisierung und Blick auf die hässliche Wirklichkeit **sozialen Elends**
- wie Realismus europaweite Epoche – europäische Einflüsse: E. Zola (Frankreich), A. Strindberg, H. Ibsen (Skandinavien), L. Tolstoi, Fj. M. Dostojewski (Russland)
- konsequent kritische Frontstellung gegen Tendenzen der wilhelminischen Gesellschaft: gegen Obrigkeitsstaat, nationalen Überschwang, Bevormundung durch Kirche, soziale Ungerechtigkeit
- zentrales Anliegen: **Kritik an gesellschaftlichen Zuständen der Verelendung** infolge der **Industrialisierung/Proletarisierung** – Anknüpfung an **politische Perspektive des Vormärz**
- z. T. Nähe zu sozialistischen Einstellungen
- Epochenumbruch Ende des 19. Jahrhunderts: hohes Tempo technologischer und naturwissenschaftlicher Veränderungen, die alle Lebensbereiche berühren
- Großstädte werden zu Metropolen: Verschärfung großstädtischer Probleme
- kultureller Epochenumbruch: umfassende **Sinnkrise** und **Traditionsabbruch** erzwingen Suche nach neuen Wegen des sprachlichen und künstlerischen Ausdrucks in allen Künsten

Menschenbild

- insgesamt **radikale Abkehr vom Idealismus** und von seiner Philosophie der Freiheit
- materialistische und positivistische Theorien setzen sich zunehmend durch: Anknüpfen an **soziologisch** orientierte französische Philosophen (H. Taine, A. Comte)
- drei Faktoren, die den Menschen bestimmen: Vererbung, Milieu und die historischen Umstände
- deterministische **Milieutheorie: Mensch als Produkt der ihn umgebenden Verhältnisse** (Großstadt, Technik, Gesellschaft etc.)
- Kausalität als bestimmendes Prinzip
- Konsequenz: nicht das einzelne Subjekt ist **verantwortlich**, sondern die **Politik**, die die determinierenden Verhältnisse schafft und verändern kann

1882–84	1883/84	1885–1902	1889	1888–1918
Programmatische Zeitschrift des Naturalismus: Kritische Waffengänge	Einführung erster Sozialversicherungen	Programmatische Zeitschrift des Naturalismus: Die Gesellschaft	Gründung der Freien Bühne (Theaterverein)	Regierungszeit Kaiser Wilhelm II.

Literarisches Leben

- programmatische Überlegungen (v. a. von Arno Holz und den Brüdern Heinrich und Julius Hart): „Kunst = Natur – x“ (A. Holz) – **Kunst soll Natur** möglichst **entsprechen**, der Faktor x (Autor und seine Subjektivität) soll möglichst klein bleiben
- Aufgabe der Literatur: **Sozialkritik** und dadurch Verbesserung menschlicher Lebensverhältnisse
- Verbindung vieler Naturalisten über Arbeit an **Zeitschriften** (z. B. *Kritische Waffengänge*, 1882–84; *Die Gesellschaft*, 1885–1902) oder über Mitgliedschaft im literarischen Verein *Durch*
- Wilhelm II. wertet die Literatur des Naturalismus als „Rinnsteinkunst“ ab
- Stil und Thema der Literatur ruft Proteste hervor – Aufführungs- und Veröffentlichungsverbote
- Zentren: **München** und **Berlin** (hier Gründung der „Freien Bühne“)
- Wiederentdeckung Büchners: v. a. *Woyzeck* (Drama)

Sprache und Stil, Themen und Formen

- **Stilprinzip: Präzision** der Beobachtung (u. a. erreicht durch „literarische Experimente“)
- detaillierte Bühnenanweisungen für minutiöse Widerspiegelung der Realität
- **Ablehnung jeder Poetisierung:** Forderung quasi-fotografischer Abbildung, exakter Darstellung
- Sekundenstil: Deckungsgleichheit von Erzählzeit und erzählter Zeit – gemäß der Vorstellung, Kunst sei umso vollkommener, je genauer die Darstellung mit der Realität übereinstimme
- realitätsnahe Figurendarstellung mit **Analyse determinierender Faktoren** in Drama und Epik
- naturalistische Radikalisierung erfordert neue Darstellungsmittel wie Dialekt, Soziolekt, Umgangssprache (insbesondere auf der Bühne zur Milieudarstellung)
- Themen: **Armenmilieus, Familienprobleme** unterer Schichten/des Kleinbürgertums, **Doppelmoral, Großstadt**, Not der Fabrikarbeiter, Kriminalität, Alkoholismus, Geisteskrankheit etc.
- Schilderung der **dunklen, hässlichen Seiten des Lebens**
- Mensch im **Bedingungsgefüge** von Sozialstruktur, Arbeitswelt, Verstädterung, Psyche etc.
- Darstellung ist immer auch Analyse der Verhältnisse
- Bruch mit traditioneller Lyrik (insb. A. Holz: lyrische Gestaltung nach „innerem Rhythmus“)
- bedeutendste Gattung: **sozialkritisches Drama**

Autoren und Werke

Gerhart Hauptmann: *Die Weber, Vor Sonnenaufgang* (Dramen), *Bahnwärter Thiel* (Novelle)
Arno Holz: *Phantasus* (Gedichtzyklus)
Arno Holz/Johannes Schlaf: *Papa Hamlet* (Erzählung)
Max Halbe: *Jugend* (Liebesdrama)
Hermann Sudermann: *Die Ehre, Heimat* (Dramen)

Zitate

„Die Kunst hat die Tendenz, wieder Natur zu sein.“ *(Holz)*
„Unser höchstes Kunstideal ist nicht die Antike, sondern die Moderne.“ *(Wolff)*
„Als notwendiges Naturprodukt hat die Kunst keinen absoluten Zweck: sie ist, weil sie sein muß. Als Kulturfaktor aber hat sie einen bestimmten Zweck […]: die Förderung und Fortbildung der menschlichen Kultur.“ *(Alberti)*

1891	1892	1895	1896	1898/99
„Rerum novarum“: Forderung sozialer Reformen durch den Papst	G. Hauptmann: Die Weber	Röntgen: Entdeckung der X-Strahlen / Freud, Breuer: Studien über Hysterie	Baubeginn der Berliner Hoch- und U-Bahn	Holz: Phantasus

Strömungen der Jahrhundertwende *ca. 1890 bis 1910*

Auf einen Blick

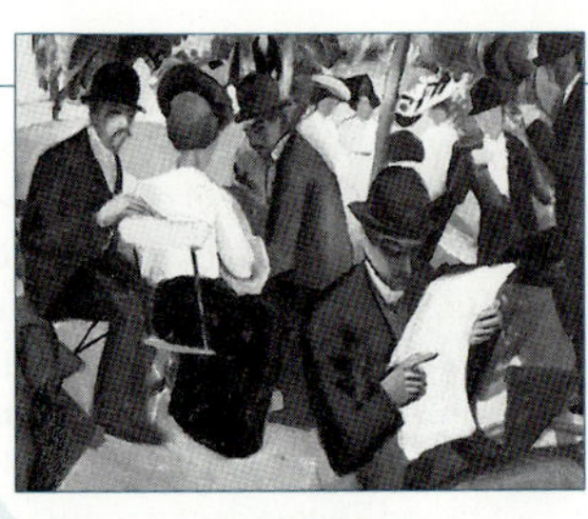

Subjekt
- Ich- und Sprachkrise
- Verlust der Selbstgewissheit
- Verfallsbewusstsein

Natur/Gott
- „Gott ist tot" (Nietzsche)
- Natur bezüglich Ich thematisiert: als Stimmungswert, als „Objekt" der Entfremdung
- Natur: Mystische Aufladung, Symbol

Endzeit-Stimmung

Gesellschaft
- Kulturelle und gesellschaftliche Krise bei gleichzeitig unübersichtlicher werdender Welt: Orientierungskrise
- Starrer Wilhelminismus

Grundsätzliches

- Gleichzeitigkeit von **Moderne** (im Sinne von Aufbruchsstimmung) und **Fin de Siècle** (im Sinne von empfundener Dekadenz des Deutschen Kaiserreichs bzw. der k. u. k. Monarchie)
- **Nationalismus, Konservatismus** und **Militarismus** als typische Haltung der Führungskreise
- Auswirkungen der Zweiten industriellen Revolution (Straßenbeleuchtung, Straßenbahnen etc.), rasante Urbanisierung der Städte, weitere Verelendung breiter Bevölkerungsschichten
- **Stilpluralismus in der Literatur:** verschiedene, nicht immer klar voneinander abgrenzbare **Gegenströmungen zum Naturalismus** („Wirklichkeit der Seele" wichtiger als „Wirklichkeit der Straße") – **Décadence, Symbolismus, Jugendstil, Impressionismus, Neuromantik**
- teilweise zugleich Weiterentwicklung des Realismus – z. B. durch die Romane der Brüder Mann
- zahlreiche Anstöße aus dem Ausland, v. a. aus der französischen Moderne des 19. Jahrhunderts
- typisch für 20. Jahrhundert: Vielzahl der unverbundenen Bewusstseins- und Gestaltungsformen; unscharfe Grenzen zwischen Stilrichtungen (teilweise versammeln sich verschiedene Stilrichtungen im Einzel- und/oder Gesamtwerk eines Autors, teilweise in Zeitschriften und Anthologien)
- **Zerrissenheit im Erleben:** Sinnleere, Desorientierung, Ungewissheit durch Verlust des Vertrauten, aber zugleich offener Raum neuer Möglichkeiten

Menschenbild

- Einfluss der **Philosophie Nietzsches:** „Nihilismus" als Entwertung traditioneller Werte, zugleich Utopie vom „Übermenschen" (als euphorische Erwartung des Neuen)
- Einfluss der **Psychoanalyse Freuds** (v. a. in Wien): Rolle des Unter- bzw. Unbewussten für das menschliche Handeln und Erleben – „Das Ich ist nicht Herr im eigenen Haus." (Freud)
- **Zerfall/Verlust der Selbstgewissheit des Ich**; Erfahrung sozialer Isolierung und Entfremdung; Erschütterung des Vertrauens in Ich und Sprache
- kritische Überprüfung der Traditionen und Überlieferungen; Aufgeben der Hoffnung auf ein einheitliches Weltbild bzw. umfassende Erfassung der Wirklichkeit

1890	1891	1895	1897	ab 1898
Wilhelm II. entlässt Bismarck	Erste innerstädtische Straßenbahn (Halle) / Bildung der literarischen Gruppe „Jung-Wien"	Freud, Breuer: Studien über Hysterie / erste Filmvorführung in Berlin	George: Das Jahr der Seele (Gedichtzyklus)	Militärische Aufrüstung: Intensiver Flottenausbau unter Wilhelm II.

Strömungen der Jahrhundertwende

Literarisches Leben

- **Zusammenschluss von Schriftstellern** in Gruppen und Zirkeln – Beispiele:
  - Gruppe *Jung-Wien* um Hermann Bahr – Wiener Moderne und Blüte der Kaffeehausliteratur
  - *George-Kreis:* exklusive Gruppe mit elitärem Schriftsteller-Kult
- Publikationen und Anthologien in eigens gegründeten Zeitschriften *(Pan, Die Insel, Jugend, Die Zeit)*
- **individualistisches Selbstverständnis** des Künstlers; häufig **anti-bürgerliche Haltung**
- Obrigkeit geht gegen Kunst vor: Prozesse (wg. Gotteslästerung, Majestätsbeleidigung), Zensur
- Zentren: Wien, München, Berlin, Prag

Sprache und Stil, Themen und Formen

- Stilströmungen und ihre Merkmale:
  - **Décadence:** Überfeinerung, subjektiv-individualistische Dichtung, Sensibilität, „Kranksein" als erhöhte Empfänglichkeit; gesteigerte Empfindungstiefe ermöglicht intensivere Gestaltung
  - **Symbolismus:** Absolutheitsanspruch der Kunst; gegen Abbildungsfunktion der Kunst
  - **Jugendstil:** Entfrachtung von Ballast durch klare Linie, flächig-dekorative Leichtigkeit
  - **Impressionismus:** Wiedergabe des stimmungsvollen Sinneseindrucks mit höchster Intensität
  - **Neuromantik:** Innerlichkeit, Heimatverbundenheit, Seelentiefe, Gefühle
- Themen: Stoffwahl/-bearbeitung in **Abgrenzung zum naturalistischen Erfassen** objektiver Realität und sozialer Konflikte; bevorzugt Besinnung auf das „Ich": Individualität und Subjektivität
- Ich und Sprache ebenso wie Überlieferung und Kultur zunehmend im Zentrum der Kunst
- **keine politische Funktion der Kunst:** starke Tendenz zum **Ästhetizismus** *(l'art pour l'art)*
- Versuch der Krisenbewältigung mit Bemühen, dem Wesen der Dinge auf die Spur zu kommen
- Vorliebe für die **symbolische Verdichtung, Verfeinerung der sprachlichen Mittel** und teilweise **Auflösung traditioneller Formen**
- bevorzugte epische Ausdrucksmittel: **Bewusstseinsstrom, innerer Monolog, erlebte Rede**
- Lyrik: entspricht dem Kunstwillen der Zeit sowie der Tendenz zur Subjektivierung; Dramen: z. T. Tendenz zu kürzeren Stücken, Einaktern; Epik: Romane, Novellen (z. T. experimentelle Formen)

Autoren und Werke

Hugo v. Hofmannsthal: *Ein Brief* (auch *Chandos-Brief*, fiktiver Brief), *Jedermann* (Drama), Gedichte
Rainer Maria Rilke: *Die Aufzeichnungen des Malte Laurids Brigge* (Roman), Gedichte
Arthur Schnitzler: *Liebelei, Reigen* (Dramen), *Leutnant Gustl, Traumnovelle* (Novellen)
Stefan George: Gedichte
Frank Wedekind: *Frühlings Erwachen* (Drama)

Zitate

„Es ist mir völlig die Fähigkeit abhanden gekommen, über irgendetwas zusammenhängend zu denken oder zu sprechen." *(Hofmannsthal)*
„Die Kunst will jetzt aus dem Naturalismus fort und sucht Neues." *(Bahr)*
„In der dichtung [...] ist jeder der noch von der sucht ergriffen ist etwas ‚sagen' etwas ‚wirken' zu wollen nicht einmal wert in den vorhof der kunst einzutreten." *(George)*

1900	1903	1905/6	1906	1908	1910
Erstes Bürgerliches Gesetzbuch / Freud: Die Traumdeutung	Schnitzler: Reigen (Erotische Dialoge)	Marokkokrise: Uneinigkeiten mit Frankreich	Weltweit erste Hörfunk-Sendung (in den U.S.A)	Literaturnobelpreis an R. Eucken	Literaturnobelpreis an P. Heyse

Auf einen Blick

Subjekt

- Sprach-, Ich- und Sinn-Krise, existenzielle Orientierungslosigkeit
- Ziel des ekstatischen, authentischen, wesenhaften Ich („neuer Mensch")

Befreiung der inneren Wahrheit

Natur/Gott

- „Gott ist tot" (Nietzsche)
- Gott als Motiv und Metapher
- Verdrängung der Natur durch Zivilisation
- Stadt als Landschaft

Gesellschaft

- Verkrustete und starre bürgerliche Gesellschaft des Wilhelminismus
- Expressionismus: Utopie des „neuen Menschen" und der „neuen Welt"

Grundsätzliches

- Begriff „Expressionismus" (lat. expressio: Ausdruck): **Abgrenzung** zur Wirklichkeitsabbildung des **Naturalismus**, zum ästhetisch-artifiziellen **Symbolismus** und zum **Impressionismus**
- literarische Strömung ausgehend von der (internationalen) expressionistischen Malerei
- Betonung des unbedingten Willens zum **Ausdruck des Erlebens**
- einerseits Expressionismus des **Ich-Zerfalls**, andererseits – z. T. daraus resultierender – „O Mensch!"-Expressionismus mit pathetischem Ruf nach dem „neuen Menschen"
- Erfahrung der **Verhältnisse des Kaiserreiches** als **verkrustet** und **überlebt** – Abgrenzung **gegen wilhelminisch autoritäre Vätergeneration** und deren Werte; zugleich Abwehr der Bedrohung geistiger Werte durch technischen Fortschritt, Bürokratisierung und Militärgewalt
- **politische Krisenzeit:** Isolation des Kaiserreichs und dessen Ende infolge des Ersten Weltkriegs
- Erster Weltkrieg als Zäsur: einige Künstler fallen, danach bei vielen Dichtern pazifistische Haltung
- Urbanisierung als lebensweltlicher Kontext: **Großstadt** oft als bedrohlich-zerstörerische Kraft
- Sonderstellung Kafkas: thematisch z. T. Expressionismus verwandt (z. B. Vater-Sohn-Konflikt)
- zeitgleich wirken Strömungen der Jahrhundertwende und des realistischen Erzählens fort

Menschenbild

- Sprach-, Ich- und Sinn-Krise und Gefühl der Zerrissenheit in der Gegenwart – Ideal der Erneuerung und Wandlung des Menschen (z. T. mit Anklängen an christliche und klassische Tradition)
- wesentlicher, eigentlicher Kern im Menschen: „eigentlich leben" heißt, diesen Kern zu entfalten
- Ziel der **„Verwesentlichung"** des Menschen – Sinngebung durch verbrüdernde Liebe, allgemeine Geltung der Menschenwürde und unverstellten Ausdruck des Erlebens
- z. T. Einfluss der **Philosophie Nietzsches:** „Gott ist tot" (Nietzsche) als Grunderfahrung der Sinnkrise; seine „Übermensch"-Utopie als Vorbild für den „neuen Menschen"
- Einfluss der **Psychoanalyse Freuds:** Rolle des Unter- bzw. Unbewussten für das menschliche Handeln und Erleben – „Das Ich ist nicht Herr im eigenen Haus." (Freud)

um 1910	1910	1911/12	1912	1914
Wachsende Isolation des Deutschen Reiches	Halleyscher Komet	Bahnbrechende Ausstellungen der expressionistischen Malerei: „Der blaue Reiter"	Literaturnobelpreis an G. Hauptmann	Beginn des Ersten Weltkriegs

Literarisches Leben

- zahlreiche **Dichtergruppierungen** (bekannteste Gruppierung: *Der Neue Club* um Kurt Hiller)
- **programmatische Zeitschriften** (*Der Sturm, Die Aktion, Der Brenner*) und Anthologien
- Maler wie Kokoschka, Kirchner, Beckmann, Kubin illustrieren Bücher und Zeitschriften
- Träger der Bewegung: junge Schriftsteller mit mittelständischem, großbürgerlichem, teilweise akademischem Hintergrund (z. T. promoviert) – **antibürgerliche Grundhaltung**
- Selbstverständnis der Dichter: Funktion des **Propheten** mit dem quasi-religiösen Auftrag, die „**bessere Welt**" und den „**neuen Menschen**" zu verkünden
- vor dem Ersten Weltkrieg z. T. ambivalente Haltung zum Krieg, danach Tendenz zum **Pazifismus**
- Ziel der Literatur: Ausbruch aus Konventionen von Kunst und Leben durch Erneuerung und Verwesentlichung des Menschen
- Zentren: Berlin, München

Sprache und Stil, Themen und Formen

- thematische Konzentration auf **Konflikt zwischen Erneuerung hemmenden und diese fördernden Kräften:** Generationenkonflikte, Ich-Zerfall, Anonymität und Orientierungslosigkeit – v. a. in der **Großstadt**, Visionen vom Weltende, Schrecken und Sinnlosigkeit des Krieges
- Darstellungsprinzip des Schocks: **Tabuthemen** (Geisteskranke, Verbrecher, Bettler, Prostituierte) und **Ästhetik des Hässlichen** (in der Nachfolge Baudelaires)
- **Menschheitspathos** der Liebe und Verbrüderung
- Auflösung traditioneller und konventioneller (vor allem bürgerlicher) Formen und Perspektiven
- **sprachliche Intensität** (u. a. durch Verknappung von Satz-/Wortgefügen, elliptische Konstruktionen), Suche neuer Sprachbilder/Wortneubildungen, Dynamik, einprägsame Farbmetaphorik
- z. T. Aufbrechen/Auflösung syntaktischer Regeln im Dienste der Ausdruckskunst (v. a. in der Lyrik)
- Simultantechnik in der Lyrik: Reihung unzusammenhängender Bilder (als Sinneseindrücke)
- **Lyrik** v. a. im Frühexpressionismus als **präsenteste Gattung** (viele Sonette)
- Dramatik: Figuren häufig überindividuell angelegt; Typen: **Wandlungsdrama, Stationendrama**
- Epik: kürzere Formen wie Erzählungen/Novellen (Themen meist: Sinn- und Sprachkrise)

Autoren und Werke

Georg Kaiser: *Von morgens bis mitternachts, Die Bürger von Calais, Gas I, Gas II* (Dramen)
Ernst Toller: *Die Wandlung, Masse Mensch* (Dramen)
Jakob v. Hoddis: Gedichte
Georg Trakl: Gedichte
Georg Heym: Gedichte, *Der Dieb* (Novellenband)
Gottfried Benn: Gedichte, *Gehirne* (Novellenband, auch *Rönne-Novellen* genannt)
Alfred Döblin: *Die Ermordung einer Butterblume* (Erzählung)

Zitate

„Eruption, Explosion, Intensität." *(Pinthus)*
„Nun gibt es nicht mehr die Kette der Tatsachen: Nun gibt es die Vision davon." *(Edschmid)*
„Der Expressionismus ist eine Revolution." *(Hatvani)*

1916	1917	1918	1922/23	1923
A. Einstein: Allgemeine Relativitätstheorie	Oktoberrevolution in Russland	Ende des Weltkriegs, des Kaiserreiches und der k. u. k. Monarchie; Beginn der Weimarer Republik	Hyperinflation; anschließende Währungsreform	Hitlerputsch und dessen Scheitern

Neue Sachlichkeit *ca. 1920 bis 1933*

Auf einen Blick

Subjekt
- Das Ich in seiner konkreten Lebenswelt und in seinen Abhängigkeiten
- Illusionslose Perspektive auf den Menschen

Desillusionierung
Nüchternheit

Natur/Gott
- Religiöse Strömung eher randständig
- Natur als Gegenstand der Beobachtung und als konkretes Gegenüber

Gesellschaft
- Politische, wirtschaftliche, soziale Unsicherheiten der Zwischenkriegszeit
- Neue Sachlichkeit: Hinwendung zu Problemen der „kleinen Leute"

Grundsätzliches

- Neue Sachlichkeit als wichtige Literaturströmung der Weimarer Republik: Abkehr vom Pathos des Expressionismus, **Hinwendung** zur zeitgenössischen **Lebensrealität mit ihren sozialen und wirtschaftlichen Zuständen** und zum **sachlich-nüchternen Schreiben**
- **Krisenjahre** der Weimarer Republik nach dem Ersten Weltkrieg, gefolgt von „Goldenen Zwanzigern" mit Aufschwung und Blüte der Unterhaltungskultur und schließlich erneute Krise ab 1929
- **Berlin** wird zur maßgeblichen Metropole von **Kultur, Unterhaltung** und **Wissenschaft**
- Frauenwahlrecht und Wandel im Wirtschaftsleben: **Frauen** zunehmend mit **Beruf**, aber meist schlecht bezahlte Angestelltenverhältnisse im Dienstleistungssektor (oft als Sekretärin)
- Film/Kino, Hörfunk sowie Fotos in Zeitschriften und Zeitungen: Entstehen einer **Massenkultur**
- Erkenntnisse in Makro-/Mikrophysik (Heisenberg, Einstein): chaotische Merkmale der Materie
- allmähliche Ablösung der Literatur als Orientierungshilfe durch wissenschaftliche Leitdisziplinen
- Aufkommen der analytischen und positivistischen Philosophie (Carnap, Wittgenstein)
- Reaktionen der Literatur auf Krisenzeit: zum einen Ignoranz gegenüber Veränderungen (Heimatliteratur, Epigonenliteratur), zum anderen **Aufklärung über Veränderungen**
- Zeit von großen, über die Neue Sachlichkeit hinausgehenden Romanen (A. Döblin, H. Hesse, J. Roth, R. Musil, E. M. Remarques, Th. Mann, H. Mann)

Menschenbild

- **Schwellenzeit-Gefühl**, d. h. Bewusstsein für Übergang in eine neue Zeit
- Mensch bestimmt durch Reaktionen auf die **Erfahrung des Krieges:** Resignation, Bescheidung, Scham, Demütigung, endgültige Gewissheit der Brüchigkeit der Existenz und der Traditionen
- **illusionslose Wahrnehmung** des Menschen in seinen konkreten Lebensbedingungen (Arbeit, Freizeit, Beziehungen etc.) statt idealistischer Entwürfe des Expressionismus
- Unstetigkeit aufgrund der Widersprüche der Zeit (z. B. politische/wirtschaftliche Unsicherheit)
- Leitwissenschaften deuten den Menschen: Zerfall einer ganzheitlichen Perspektive

1918	1921	1922/23	1923
Ende des Weltkriegs, des Kaiserreiches und der k. u. k. Monarchie; Beginn der Weimarer Republik	Nobelpreis für Physik an Einstein	Hyperinflation; anschließende Währungsreform	Hitlerputsch und dessen Scheitern/Beginn regelmäßiger Rundfunksendungen

Literarisches Leben

- **Massenmedien und Medienvielfalt** führen zu neuem Autorentyp, dem **Lohnschreiber**
- durch Massenmedien entstehen **neue Formate:** Hörspiel und Radiofeature, Drehbuch etc.
- journalistische und dokumentarische Gebrauchsliteratur auf hohem Niveau als Verdienstquellen: **Feuilleton** (frz. „Beiblättchen") und **Reportage** (frz. „Berichterstattung")
- Verknüpfung **journalistischer, dokumentarischer und literarischer Anteile** (z. B. Kisch: *Der rasende Reporter* oder z. T. auch Jünger: *In Stahlgewittern*)
- Entwicklung des Kabaretts als großstädtische Unterhaltungsform: Gedicht, Prosa, Sketsch etc.
- Literatur von Frauen (Kaléko, Seghers, Keun, Fleißer)

Sprache und Stil, Themen und Formen

- Wiedergabe der Wirklichkeit fordert dokumentarische, berichtende, essayistische Darstellung
- meist **kühl-distanzierte, einfache, verständliche Sprache** (Ziel der Lesernähe)
- teilweise (sanfte) desillusionierende Ironie in der Darstellung aufgrund skeptischer Welthaltung
- neben neusachlicher Ausrichtung in dieser Zeit bei manchen Autoren Tendenzen der Verklärung (z. B. Carossa) oder auch christlich-religiöse Erneuerungsgedanken (z. B. Bergengruen)
- Thematisieren der **Probleme der „kleinen Leute"** und der konkreten Lebenswelt mit ihren politischen, gesellschaftlichen, sozialen Bedingungen, Nähe zum **Alltagsleben**
- Gattungen bevorzugt, die die Masse der Bürger erreichen
- **Gebrauchsliteratur** (Reportagen: z. B. von Kisch; Gebrauchslyrik: z. B. von Kästner)
- dokumentarische Literatur (Reportage, Bericht), Formen der Publizistik (Glosse, Satire)
- Epik: **Gesellschaftsromane, Zeitromane und Großstadtromane** (z. B. Fallada, Keun, Kästner)
- Lyrik: traditionelle Formen mit einfacher Sprache und Inhalten der Gegenwart; „Gebrauchslyrik", d. h. Verse, die u. a. wegen des Zeitbezugs für den Leser „seelisch verwendbar" (Kästner) sind
- Dramatik: Zeit- und Volksstücke (Horvath); aber auch Beginn des **Epischen Theaters** (Brecht): kritische Distanz des Zuschauers zum Bühnengeschehen durch Verfremdungseffekte – Ziel: Anregen zum Nachdenken über selbstbestimmte Veränderung der Gesellschaft

Autoren und Werke

Kurt Tucholsky: Gedichte; journalistische Prosa
Hans Fallada: *Kleiner Mann – was nun?* (Roman)
Irmgard Keun: *Das kunstseidene Mädchen* (Roman)
Carl Zuckmayer: *Der Hauptmann von Köpenick* (Komödie)
Bertolt Brecht: *Dreigroschenoper, Die heilige Johanna der Schlachthöfe* (Theaterstücke), Gedichte
Erich Kästner: Gedichte, *Fabian. Die Geschichte eines Moralisten* (Roman)
Ödön v. Horvath: *Geschichten aus dem Wiener Wald* (Theaterstück)

Zitate

„Satiriker sind Idealisten." *(Kästner)*
„Tatsachen […] wirken erlebter, erschütternder als alle Einfälle der Dichter." *(Kenter)*
„Nichts ist verblüffender als die einfache Wahrheit, nichts ist exotischer als unsere Umwelt, nichts phantasievoller als die Sachlichkeit." *(Kisch)*

1923–1929	1928	1929	1932	1933
Konsolidierung in den „Goldenen Zwanzigern" (Roaring Twenties)	Fleming: Entdeckung des Penicillins	Börsencrash in New York und Beginn der Weltwirtschaftskrise / Literaturnobelpreis für Th. Mann	Nobelpreis für Physik an Heisenberg	Ende der Weimarer Republik / Machtübernahme der NSDAP

Auf einen Blick

Subjekt
- Einzelner vor totalem Zugriff
- Reaktionen: Auswanderung, innere Emigration, Widerstand

Totaler Zusammenbruch der Zivilisation

Natur/Gott
- Bei traditioneller Orientierung: Gott als Trost und absolute Größe
- Glaubensverlust wegen NS-Gräueln
- Innere Emigration: Natur als überzeitliche Größe

Gesellschaft
- Gesellschaft als ideologisierte Masse
- Gleichschaltung aller Bereiche des polit., wirtsch., soz. und kult. Lebens
- Zweiter Weltkrieg und Holocaust
- Einzelne Beweise von Solidarität

Grundsätzliches

- nach Zusammenbruch der New Yorker Börse (1929): Weltwirtschaftskrise – in der Folge in Deutschland Aufstieg des Nationalsozialismus und Ende der Weimarer Republik
- **nationalsozialistische Herrschaft** von 1933 bis 1945 mit totalitärer Durchdringung des gesamten wirtschaftlichen, sozialen, politischen und kulturellen Lebens
- **Zweiter Weltkrieg** von 1939 bis 1945
- drei Richtungen der Literatur unterscheidbar:
  - **Exil:** v. a. Autoren, deren Person/Werk im NS-Deutschland aus politischen, rassischen oder sonstigen Gründen bedroht/verboten ist und die daher ins Exil gehen; Suizid vieler Exilanten
  - **Innere Emigration:** Autoren, die NS-Regime/-Ideologie ablehnten, aber nicht auswanderten
  - **NS-Literatur:** regimekonforme bzw. -stützende Literatur

Menschenbild

- **NS-Menschenbild:** Rassentheorie („arische Herrenrasse" den „Untermenschen" überlegen), sozialdarwinistische Vorstellungen, Vorrang der Gemeinschaft vor dem Einzelnen etc.
- im Unterschied dazu: **europäisch-humanistische Tradition** – Humanität, Freiheit, Demokratie

Literarisches Leben

- **Erliegen des literarischen Lebens** in Deutschland durch **Gleichschaltung** der Kunst, Literatur, Hörfunk, Presse und Film, durch Bücherverbrennung, Verfolgung und Zensur
- Autoren von NS-Literatur meist Mitglieder der NSDAP oder SA: Propaganda-Literatur – Ziele: Nationalismus, Führerverehrung, Judenfeindlichkeit, Kampf- und Opferbereitschaft wecken
- **Literatur des Widerstands unter Lebensgefahr** (Flugblätter, antifaschistische Zeitungen)
- **Innere Emigration:** Verschlüsselung der Kritik, illegale Drucke, Abschriften
- in Deutschland verbliebene Autoren: auch Rückzug ins Schweigen und in unverdächtige Literatur

1933
Hitlers Machtübernahme/Bücherverbrennung und „Gleichschaltung" aller kulturellen Bereiche

1933
Erste Auswanderungswelle deutscher Intellektueller

1935
Nürnberger Rassengesetze: Entziehung der Bürgerrechte „nicht-arischer" Deutscher

1938
Reichspogromnacht: Zerstörung von Synagogen und jüdischen Geschäften

- **Exilautoren:**
  - über 2 000 Autoren emigrieren aufgrund ihrer politischen Haltung, Herkunft oder Kunstauffassung (zunächst in die Nachbarländer, später nach England, Schweden und in die USA)
  - häufig Leben am Existenzminimum; schlecht bezahlte Aufträge in amerikanischer Filmindustrie
  - **Verlust des vertrauten Umgangs mit der deutschen Sprache** sowie verhinderte Rezeption ihres Schaffens – tief greifende **Krise der kulturellen Identität**
  - Versuch, die deutsche Geisteskultur im Ausland fortzuführen; Veröffentlichung in neugegründeten Verlagen im Ausland; Gründung von Emigrantenvereinigungen und -zeitschriften

Sprache und Stil, Themen und Formen

- Literatur der Inneren Emigration und des Exils: Bewahrung der **humanistischen Tradition**
- **Innere Emigration:**
  - Selbstverständnis der Autoren: geistige Opposition gegen nationalsozialistischen Ungeist
  - bewusster Gegensatz zu phrasenhaftem NS-Stil: gehobene, oft verschlüsselt-indirekte Sprache, **getarntes Schreiben** „zwischen den Zeilen", meist konservativ in Stil und Form
  - u. a. Niederschlag eines überwiegend christlich begründeten humanistischen Ethos – Trost und Hoffnung auf überzeitliche Werte (z. B. Bergengruen)
- **Exilliteratur:**
  - Uneinheitlichkeit in Stil und Inhalt; Gemeinsamkeiten: **Idee von Humanität, Opposition zur NS-Ideologie**; Repräsentieren des *anderen* Deutschland
  - Epik: Deutschlandromane und Exilromane (L. Feuchtwanger, A. Seghers), historischer Roman (H. Mann)
  - Dramen: eher weniger im Vordergrund – Ausnahme Bertolt Brecht, der mit der Behandlung grundsätzlicher und zeitbezogener Fragestellungen Weltgeltung erlangt
- **NS-Literatur: Gestaltung ideologischer Motive** wie Rasse, Führertum, Deutschtum, Kampf, Gewalt, Blut-und-Boden-Ideologie; Montage von stereotypen und sakralisierenden Metaphern
- Missbrauch der deutschen Sprache durch NS-Propaganda lähmt lyrisches Schreiben

Autoren und Werke

Thomas Mann: *Joseph und seine Brüder* (Romantetralogie)
Bertolt Brecht: *Furcht und Elend des 3. Reiches, Mutter Courage und ihre Kinder* (Dramen)
Lion Feuchtwanger: *Die Geschwister Oppermann, Exil* (Romane)
Anna Seghers: *Das siebte Kreuz, Transit* (Romane)
Ödön von Horvath: *Jugend ohne Gott* (Roman)
Oskar Loerke, Erich Kästner, Nelly Sachs, Rose Ausländer: Gedichte
Werner Bergengruen: *Der Großtyrann und das Gericht* (Roman)
Ernst Jünger: *Auf den Marmorklippen* (Roman)

Zitate

„Wir sprechen nun einmal Deutsch. Diese Sprache haben wir mitgenommen, mit ihr arbeiten wir. […] [I]n Deutschland droht sie zu ersticken, im Ausland zu erfrieren." *(Bloch)*
„Lieber überleben, lieber noch da sein, weiter arbeiten, wenn erst der Spuk vorüber war." *(Kaschnitz)*

1938/9	1939–45	1941	1941–45	1944	1945
Zweite Auswanderungswelle deutscher Intellektueller	Zweiter Weltkrieg	Angriff auf Sowjetunion / Kriegserklärung an die USA	Systematische Judenvernichtung durch NS-Regime	Landung der Alliierten in der Normandie	Kapitulation der Wehrmacht / Atombomben über Hiroshima, Nagasaki

Auf einen Blick

Subjekt
- Kampf ums Überleben
- Traumata an Leib und Seele

Not
Scham
Totale Fragwürdigkeit

Natur/Gott
- Metaphysische Leere, für manche Gott aber höhere Gerechtigkeit verbürgend
- Natur: Kriegsschauplatz oder Gebiet des geistigen Rückszugs vor den Verheerungen (Naturlyrik)

Gesellschaft
- Deutschland physisch, moralisch, wirtschaftlich und politisch am Boden
- Frauenarbeit und Männermangel
- Heimkehrer
- Besatzungsmächte und ihr Einfluss

Grundsätzliches

- nach deutscher Kapitulation (8. Mai 1945): Aufteilung Deutschlands in **vier Besatzungszonen**
- Mythos der „Stunde Null“: zwar Neubeginn, aber keine schlagartige Veränderung des Denkens
- Konfrontation mit den **unfassbaren Verbrechen** (Völkermord, Holocaust)
- **Bilanz des Krieges** (Opferzahlen: Gefallene, Kriegsversehrte/-gefangene, Vertriebene, Vermisste) und Bestandsaufnahme
- große Unsicherheiten: Wirtschaft am Boden, Überlebenskampf, ungewisse Zukunft der Kriegsgefangenen in Sowjetunion
- prägende Bilder: aufräumende Trümmerfrauen und vom Krieg traumatisierte Heimkehrer
- vorgeschlagene Begriffe für die Literatur der Nachkriegszeit:
  - **„Trümmerliteratur“:** Betonung der Traumatisierung durch Krieg und Zerstörung
  - **„Literatur des Kahlschlags“:** Betonung des Neubeginns in der Literatur wegen Belastung der Sprache und der Literatur durch den nationalsozialistischen Missbrauch
- zwei Autorengruppen der Literatur in der Nachkriegszeit:
  - Autoren mit schriftstellerischer Biografie vor bzw. während der NS-Zeit
  - jüngere Autoren (häufig Aufruf zur authentischen Darstellung der gegenwärtigen Realität)
- grundsätzliche Frage: Wie kann man nach der 12 Jahre währenden NS-Diktatur weiterschreiben?
- z. T. Weg in apolitische Innerlichkeit (z. B. G. Benns Konzept des absoluten Gedichts)

Menschenbild

- beginnender Einfluss des **französischen Existenzialismus** (Sartre, Camus)
- Mensch vor dem Hintergrund der **totalen Zerstörung** und in seinen **existenziellen Nöten**
- latente Frage nach der Schuld des Einzelnen
- Misstrauen gegenüber jeglichen geschlossenen Denkgebäuden: **Ideologieverdacht**
- z. T. christliche Perspektive: Halt suchen im Glauben

1945	1945–49	1946	1947
Ende des Kriegs / Aufteilung Deutschlands in vier Besatzungszonen	Nürnberger Prozesse gegen die Hauptkriegsverbrecher	Westzonen: erste demokratische Wahlen / Sowjet. Besatzungszone: Gründung der SED / Literaturnobelpreis an Hermann Hesse	Gründung der Gruppe 47

Literarisches Leben

- **schwierige Bedingungen** für literarisches Leben: Papierknappheit, zerbombte Druckereien, Existenzkampf, Kontrolle durch Besatzungsmächte und NS-Missbrauch der deutschen Sprache
- **kulturpolitischer Einfluss der Besatzungsmächte:**
  – sowjetische Besatzungszone: Versuch, wichtige Autoren für die sowjetische Zone zu gewinnen
  – Westzonen: „Reeducation" zur Entnazifizierung durch Literatur, Filme, Vorträge, Ausstellungen
- Zeitungen, Zeitschriften, Rundfunk tragen zur Verbreitung ausländischer Literatur bei
- **Rundfunk mit Hörspielen** gleicht Mangel an Bühnen aus, Theater oder Konzerte oft in Ruinen
- Versuch des Wiederaufbaus des literarischen Lebens: v. a. durch nicht exilierte Autoren (z. B. G. Benn, A. Andersch, G. Eich, P. Huchel, H. W. Richter), aber auch durch Autoren, die erst nach 1945 zu publizieren beginnen (z. B. I. Aichinger, H. Böll, W. Borchert, W. Schnurre)
- Gründung der **Gruppe 47** (um H. W. Richter): Ziel der geistig-moralischen Erneuerung sowie eines demokratischen Deutschlands (Leitbild: gesellschaftskritische Literatur)
- Informations- und Lesehunger des während der NS-Diktatur manipulierten Menschen
- viele Veröffentlichungen von im Exil entstandenen Werken – mit Interesse gelesen

Sprache und Stil, Themen und Formen

- Stil: **lakonisch-nüchterne Sprache** und programmatischer **Verzicht auf Pathos**
- Abgrenzung vom emotionalisierenden, ideologisch-mythisierenden NS-Stil („Sprachreinigung")
- Literatur der unmittelbaren Nachkriegszeit wird auch oft als **neorealistisch** bezeichnet
- Themen: Traumata und Schrecken des Krieges, **Heimkehr**, Orientierungslosigkeit, Verlassenheit und Einsamkeit, Frage nach Schuld und Unschuld, Scham und Verzweiflung, Klage und Anklage
- literarische Beschäftigung mit **Solidarität und Mitmenschlichkeit** in Tyrannei, Chaos und Untergang, zugleich auch mit dem **Vakuum an Sinn und Werten**
- kurze Formen, die wenig Papier bzw. keine Aufführungsräume benötigen: **Hörspiele, Kurzgeschichten** (wichtiges Vorbild: E. Hemingway), **Lyrik**
- Lyrik: hermetische Lyrik mit schwer verständlichen Chiffren, aber auch unpathetische Naturlyrik

Autoren und Werke

Wolfgang Borchert: *Draußen vor der Tür* (Drama / Hörspiel), Kurzgeschichten
Carl Zuckmayer: *Des Teufels General* (Theaterstück)
Hans Werner Richter: *Die Geschlagenen* (Roman)
Wolfdietrich Schnurre: *Das Begräbnis* (Kurzgeschichte)
Nelly Sachs: *In den Wohnungen des Todes* (Gedichte)
Günter Eich: Gedichte (repräsentatives Gedicht *Inventur*)
Gottfried Benn: *Statische Gedichte* (Lyrik-Sammlung)
Paul Celan: Gedichte (insbesondere das Gedicht *Todesfuge*)

Zitate

„Helm ab Helm ab: – Wir haben verloren!" *(Borchert)*
„Wir schrieben also vom Krieg, von der Heimkehr und dem, was wir im Krieg gesehen hatten und bei der Heimkehr vorfanden: von Trümmern." *(Böll)*

1948	seit 1948	1948/49	1949
Währungsreform: Einführung der Deutschen Mark	Öffentlich-rechtliche, regionale Rundfunkanstalten	Berlin-Blockade durch die Sowjetunion: Berliner Luftbrücke zur weiteren Versorgung	Gründung der BRD und der DDR: Teilung Deutschlands / erste Frankfurter Buchmesse

Auf einen Blick

Subjekt
- Außenorientierung an Stabilität/Erfolg während des Wirtschaftswunders
- Existenzialismus als philosophische Richtung

Auseinandersetzung mit der Vergangenheit?

Natur/Gott
- Theodizee-Frage angesichts des Holocaust
- Natur als Bezugspunkt naturmagischer Lyrik

Gesellschaft
- BRD als demokratischer Rechtsstaat
- Wirtschaftswunder
- Mangelnde Aufarbeitung der NS-Vergangenheit

Grundsätzliches

- 50er-Jahre **keine abgrenzbare Epoche:** Vielgestaltigkeit der Literatur
- **Wirtschaftswunder** nach Marshallplan (1947), Währungsreform (1948) und Gründung der Bundesrepublik (1949)
- Mentalität des Wirtschaftswunders: pragmatisch, diesseitig, effizient
- Konsum und Erfolg verdrängen anstehende „Aufarbeitung der Vergangenheit"/„Trauerarbeit"
- D-Mark und die Warenkennzeichnung „Made in Western Germany" erhalten ähnlich wie das Wachstum des Bruttosozialproduktes eine große Bedeutung
- politisch-gesellschaftliche Konsolidierung durch Einbindung der Westzonen als BRD in NATO
- prägend: **„Kalter Krieg":** Supermacht USA und Westmächte (NATO) gegen Supermacht Sowjetunion (Ostblock mit Warschauer Pakt)
- konkrete Bezüge der Literatur zum politischen Leben in der Bundesrepublik eher selten; Auseinandersetzung mit der NS-Vergangenheit aber von Intellektuellen und Autoren gefordert
- Philosophie/Soziologie der *Frankfurter Schule* in marxistischer Tradition: Auseinandersetzung mit der NS-Vergangenheit und der Judenvernichtung
- Filme und Musik: Widerspiegelung der **Sehnsucht nach einer heilen Welt** (paradigmatisch u. a. Heimatfilme und Schlager)

Menschenbild

- kein einheitliches Menschenbild, aber Bündelung verschiedener Ansätze im Artikel 1 des Grundgesetzes: „Die Würde des Menschen ist unantastbar."
- Mensch als Individuum in der Gemeinschaft
- Mensch als Bürger und Konsument
- Philosophie des **Existenzialismus:** „Die Existenz geht der Essenz voraus."; Konzentration auf elementare Erfahrungen wie Angst und Tod; Diesseitigkeit, Freiheit zur Selbstbestimmung

1950	1951	1952	1953	ab 1954
Koreakrieg (als ein erster Höhepunkt des Kalten Krieges)	Beginn des Wirtschaftswunders / Hörspielsendung „Träume" (G. Eich) mit massiven Hörerprotesten	Erscheinen der ersten Bild-Zeitung	Erstbesteigung des Mount Everest	Remilitarisierung in der BRD und DDR

Literarisches Leben

- **Gruppe 47** prägt die literarische Landschaft und wird zur maßgeblichen Literaturinstitution: regelmäßige Treffen mit Lesungen von Texten, die dann direkt von der Gruppe beurteilt werden
- *Suhrkamp* als maßgebender Verlag, der viele wichtige Autoren verlegt
- private Leihbüchereien, Buchgemeinschaften, große Menge an Trivialliteratur
- Literatur von Frauen: Sachs, Bachmann, Kaschnitz, Domin, Haushofer etc.
- Ende der 50er zunehmend kritische Haltung von Autoren gegenüber der konservativen Politik
- Tradition christlichen Schrifttums verschwindet zunehmend aus der öffentlichen Wahrnehmung
- **Blüte des Hörspiels**

Sprache und Stil, Themen und Formen

- Tendenz zu **schmucklos-karger Sprache**
- Vorliebe für **indirekte Ausdrucksformen** (Parabel, Chiffren, Gleichnis etc.)
- Montagetechnik bei W. Koeppen
- auktoriales Erzählen häufig als fragwürdig betrachtet, daher kaum verwendet
- Themen u. a.:
  - Versuch der **Aufarbeitung der NS-Vergangenheit**
  - Auseinandersetzung mit der eher pessimistisch wahrgenommenen Gegenwart
  - **Identität und Subjektivität** in der Moderne und im technischen Zeitalter
- Dramen: v. a. Parabel-/Lehrstücke; **zeitkritische Stücke** der Schweizer **Frisch** und **Dürrenmatt**
- Epik: Kurzgeschichte (nach amerikanischem Vorbild der *short story*), große Romane v. a. in zweiter Hälfte des Jahrzehnts; nonkonformistische Literatur mit Distanz zur Konsumgesellschaft
- Lyrik vor dem Hintergrund der Kritik Adornos: nach Auschwitz sei Lyrik nicht mehr statthaft
- Lyrik: Vieldeutigkeit und weiterhin hermetische Tendenz; experimentelle Lyrik: Konkrete Poesie

Autoren und Werke

Günter Eich: *Träume* (Hörspiel-Zyklus)
Wolfgang Koeppen: *Tauben im Gras* (Roman)
Max Frisch: *Stiller*, *Homo faber* (Romane), *Biedermann und die Brandstifter* (Drama, urspr. Hörspiel)
Uwe Johnson: *Mutmaßungen über Jakob* (Roman)
Günter Grass: *Die Blechtrommel* (Roman)
Friedrich Dürrenmatt: *Der Besuch der alten Dame* (Drama)
Ingeborg Bachmann: *Die gestundete Zeit* (Gedichtband)
Paul Celan: *Mohn und Gedächtnis* (Gedichtband)
Hans Magnus Enzensberger: *verteidigung der wölfe* (Gedichtband)

Zitate

„Nach Auschwitz ein Gedicht zu schreiben, ist barbarisch." *(Adorno)*
„Nirgends wird der Albtraum von Zerstörung und Schrecken weniger verspürt und nirgendwo wird weniger darüber gesprochen als in Deutschland." *(Arendt)*
„Stellt sie [die Sprache] überhaupt noch Verbindung her, bringt sie Überwindung, bringt sie Verwandlung, oder ist sie nur noch Material für Geschäftsbesprechungen […]?" *(G. Benn)*

1954 – Deutschland: Weltmeister im Fußball
1955 – Produktion des millionsten VW-Käfers
1956 – Erste Gastarbeiter in Deutschland
1957 – Römische Verträge: erster Schritt zu europäischer Einigung / Anmeldung des millionsten Fernsehgeräts in Deutschland
1959 – G. Grass: Die Blechtrommel

Die 60er-Jahre und die Politisierung der Literatur

Auf einen Blick

Subjekt
- Selbstverwirklichung, Freiheit des Ich und (sexuelle) Selbstbestimmung
- Mensch als politisches Wesen

Natur/Gott
- Spiritualität und Naturutopie in der Hippie-Bewegung
- Langsame Entwicklung eines Bewusstseins für den Umweltschutz

Politisierung

Gesellschaft
- Verschärfung politischer Lagerbildung
- Pazifistisch-kritische 68er-Bewegung gegen konservative Gesellschaft und Politik

Grundsätzliches

- 60er-Jahre **keine abgrenzbare Epoche:** Vielgestaltigkeit der Literatur, z. T. noch Fortwirken der Tendenzen der 50er-Jahre
- Wirtschaftswunder erreicht in den 60ern erstmals seine Grenzen – „Gespenst Arbeitslosigkeit"
- **„Kalter Krieg":** Lebensgefühl zunehmend von der **Angst vor einem Atomkrieg** bzw. vor einem Dritten Weltkrieg mit verheerenden Folgen geprägt
- ausgehend von den USA: Hippie-Bewegung
- Sinnfrage wird aus dem „Elfenbeinturm" von Bildung und Innerlichkeit auf die Straße getragen (Außerparlamentarische Opposition)
- politisch links zu verortende **68er-Bewegung:** junge, studentische **Protestbewegung** mit **antiautoritären und pazifistischen Zielen** – gegen Konservatismus, Restauration und Kapitalismus
- **Forderung der Systemveränderung** betrifft auch die Literatur – Diskussionen über das Verhältnis von Literatur und Politik
- Frage nach der **Schuld der Elterngeneration**
- Jugendkultur, beispielsweise mit Rock 'n' Roll und Popart als Ausdruck jugendlichen Lebensgefühls
- Kritik an herrschenden Eliten und Konservatismus
- Anfänge der feministischen Bewegung: Forderung der Gleichberechtigung der Frau

Menschenbild

- kein einheitliches Menschenbild, aber bestimmte Tendenzen
- anti-konservative 68-er-Bewegung: freier, selbstbestimmter Mensch gegen einengende Konventionen, politische Strukturen und gegen den Kapitalismus; freie Liebe, Utopien, Spiritualität
- sexuelle Revolution mit Forderungen nach sexueller Selbstbestimmung
- Mensch als **politisches Wesen**, das Gesellschaft mitbestimmen kann

1961
Zulassung der Anti-Baby-Pille als Verhütungsmittel

1961
Bau der Berliner Mauer/ Eichmann-Prozess in Jerusalem

1962
Kubakrise: heikle Konfrontation zwischen USA und Sowjetunion / Gründung der Rolling Stones

1963
Freundschaftsvertrag zwischen Frankreich und BRD / Entdeckung der DNA-Struktur

Die 60er-Jahre und die Politisierung der Literatur

Literarisches Leben

- **Politisierung der Literatur** im Zuge der gesellschaftlichen Konflikte
- öffentliche Auseinandersetzungen über die (politische) Funktion der Literatur
- Gruppe 47 weiterhin wichtig, aber zunehmend in Kritik geratend und an Bedeutung verlierend
- Zuordnung von Autoren und Publikationsorganen zu **„rechten"** (Springer-Presse) oder **„linken" Lagern** (z. B. Grass, Böll)
- Auseinandersetzungen auch innerhalb des linken Lagers über **Freiheit und Parteilichkeit des Schriftstellers**
- Literatur des Agitprop (Kurzwort für Agitation und Propaganda) mit politisch linker Ausrichtung
- konkretes (partei-)politisches Engagement vieler Autoren (z. B. Grass für die SPD)
- Gründung der *Dortmunder Gruppe 61*: schriftstellerische Auseinandersetzung mit der Arbeitswelt
- Gründung der Kulturzeitschrift *Kursbuch* (durch Enzensberger) – v. a. für junge Autoren wichtig
- Enzensbergers Parole vom „Tod der Literatur" wendet sich **gegen unpolitisches Schreiben**
- Zürcher Literaturstreit (1966) in der Folge einer Rede des Literaturprofessors Emil Staiger
- z. T. Kritik der Studentenbewegung an etablierter Literatur des „bürgerlichen Establishments"

Sprache und Stil, Themen und Formen

- sprachlich-stilistisch vielgestaltig
- Themen: **gesellschaftspolitische, soziale Probleme, Kritik an Verdrängung der NS-Vergangenheit**, Frage der Jungen nach Rolle der Eltern im NS-Staat, deutsche Teilung (U. Johnson)
- z. T. Auflösung der Grenze zwischen literarischen und nicht literarischen – v. a. journalistisch-massenmedialen – Formen (z. B. reportagehafte Erzählungen)
- **Dokumentartheater** (z. B. Peter Weiss: *Die Ermittlung*) rückt an die Stelle parabolisierender Ansätze in der Dramatik – Verwendung von Dokumenten, Protokollen etc.
- **politische Lyrik** (z. B. E. Fried) und experimentelle Gedichte der Konkreten Poesie (z. B. E. Jandl)

Autoren und Werke

Heinrich Böll: *Ansichten eines Clowns* (Roman)
Günter Grass: *Katz und Maus* (Novelle), *Hundejahre* (Roman)
Uwe Johnson: *Zwei Ansichten* (Roman)
Max Frisch: *Andorra* (Drama)
Peter Weiss: *Die Ermittlung* (Drama)
Rolf Hochhuth: *Der Stellvertreter* (Drama)
Hans Magnus Enzensberger: Essays, Gedichte
Erich Fried: *und Vietnam und* (Gedichtband)
Ernst Jandl: Gedichte

Zitate

„[Es ist] die Aufgabe des Gedichts, Sachverhalte vorzuzeigen, [...] zu deren Vorzeigung Bildschirme, Leitartikel, Industriemessen nicht genügen." *(Enzensberger)*
„Das dokumentarische Theater ist parteilich. Viele seiner Themen können zu nichts anderem als zu einer Verurteilung geführt werden." *(Weiss)*

1963–68	1964	1966	1968	1969
Auschwitzprozesse in Frankfurt	Eskalation des Vietnamkriegs	Literaturnobelpreis an N. Sachs / Zürcher Literaturstreit	Studentenunruhen / „Prager Frühling"	Erster Mensch auf dem Mond / Woodstock-Festival

Die 70er-Jahre und die Neue Innerlichkeit

Auf einen Blick

Subjekt
- Selbsterfahrung, Innenschau und Individualität
- Eigenes weibliches Erleben

Innerlichkeit Subjektivität

Natur/Gott
- Trotz Kehrtwende zu Innerlichkeit kaum religiöse Literatur
- Umweltzerstörung rückt in Fokus: Natur als gefährdete Umwelt

Gesellschaft
- Tendenz zu apolitischer Literatur
- Feminismus / Emanzipation
- Alltag als Gefährdung der Identität

Grundsätzliches

- 70er-Jahre **keine abgrenzbare Epoche:** Vielgestaltigkeit der Literatur, z. T. noch Fortwirken der Tendenzen der 60er-Jahre (v. a. zu Beginn der 70er)
- politisch-soziale Ernüchterung: Zukunftsperspektiven der 68er-Protestbewegung erweisen sich als schwer umsetzbare Visionen und teilweise als Utopien
- Folgen: **Resignation und Suche nach der eigenen Identität** – dadurch Aufwertung des Individuums und seiner Subjektivität
- prägendste Richtung: Literatur der **„Neuen Subjektivität"/„Neuen Innerlichkeit"**
- Gegenbewegung zur politisierenden Literatur der 60er-Jahre
- Abtreibungsdebatte (1971): Selbstbestimmung der Frau
- im Zuge der Frauenbewegung: **feministische Literatur** mit gesellschaftskritischen Ansätzen und Infragestellung der traditionellen Rollenbilder – gemäß der Parole der Frauenbewegung „Das Private ist politisch."
- Jahrzehnt steht in Deutschland unter dem Schatten des RAF-Terrorismus – die Radikalisierung wird von der Literatur nicht mitgetragen, sondern führt eher zur Abkehr vom „Direkt-Politischen"
- Selbstfindung und Sprachkritik: Frage nach der Identität zugleich als Frage nach den Möglichkeiten der Sprache, subjektive Wirklichkeit intersubjektiv verständlich zu machen
- Tendenz zu **autobiografischer Bekenntnisliteratur**

Menschenbild

- kein einheitliches Menschenbild, aber bestimmte Tendenzen
- Gleichberechtigung der Frau – **Emanzipationsbestrebungen**
- Aufwertung der **Innerlichkeit und der Subjektivität**
- Wahrheitsbegriff: Gestaltung subjektiver Wirklichkeit und Verarbeitung innerer Erfahrung
- z. T. Zweifel an Sprache als Ausdrucksmedium, das Vermittlung des inneren Erlebens erlaubt

1970
„Kniefall" des deutschen Kanzlers Willy Brandt in Warschau: Beginn neuer Ostpolitik / Gründung der RAF

1971
Friedensnobelpreis für Willy Brandt

1972
Olympia in München: Überfall auf die israelischen Sportler durch die PLO / Literaturnobelpreis an H. Böll

1973
Rückzug der USA aus Vietnamkrieg / Ölkrise

Die 70er-Jahre und die Neue Innerlichkeit

Literarisches Leben

- Rückgewinnung der Ästhetik und der in der politisch-sozialen Protestbewegung verlorenen **Autonomie der Literatur** als eigenständiger Bereich
- Aufgabe des Lesers: in der chronistisch wirkenden Erzählung vom Alltagsleben einer literarischen Figur **allgemeinmenschliche Erfahrungen** erkennen
- Abgrenzung von politischen Ideologien oder Programmen
- großes Spektrum von Literatur, z. T. Spezialisierung von Verlagen auf bestimmte Sparten
- teilweise Kritik an der Enge der Stoff- und Themenwahl der Neuen Innerlichkeit (Schlagworte: „Selbstbeobachtungsliteratur"; „Nabelschau")

Sprache und Stil, Themen und Formen

- Sprache und Stil im Dienste der **Authentizität:** Tendenz zu sprachlicher Kunstlosigkeit und Umgangssprache, zugleich zu emotionaler und subjektiver Sprache
- insbesondere Neue Innerlichkeit: das innere Erleben des Einzelnen im Spannungsfeld zur Gesellschaft
- Stoff oft **autobiografischer Herkunft**
- Themen: **Selbstfindung** als alltägliche Aufgabe, **Selbsterfahrung und Innenschau**, Alltag und Beziehungen
- dadurch bevorzugte Gattungen: Lyrik und Epik
- Drama: zeitweilig befürchtet man das Ende der Gattung
- Themen **feministischer Literatur:** spannungsreiche Biografie zwischen Anerkennung und Ablehnung, **Gewalt(strukturen) im Geschlechterverhältnis** etc.

Autoren und Werke

Peter Handke: *Wunschloses Unglück* (Erzählung)
Thomas Bernhard: *Die Ursache, Der Keller, Der Atem, Die Kälte* (autobiografische Erzähltexte)
Elfriede Jelinek: *Die Liebhaberinnen* (Roman)
Ingeborg Bachmann: *Malina* (Roman)
Verena Stefan: *Häutungen* (autobiografischer Erzählband)
Martin Walser: *Ein fliehendes Pferd* (Novelle)
Heinrich Böll: *Die verlorene Ehre der Katharina Blum* (Erzählung)
Peter Schneider: *Lenz* (Erzählung)
Gabriele Wohmann: Erzählungen / Kurzgeschichten
Botho Strauß: *Trilogie des Wiedersehens* (Drama)
Karin Struck: *Klassenliebe, Die Mutter* (Romane), Gedichte
Jürgen Theobaldy: *Zweiter Klasse* (Gedichtband)
Ursula Krechel: Gedichte

Zitate

„Die direkt-politische Nützlichkeit der Dichter ist fragwürdig. Was sie leisten: Irritation – Poesie als Durchbruch zur genuinen Erfahrung unserer menschlichen Existenz." *(Frisch)*
„Das Starren auf die Außenwelt hat die Innenwelt verwaisen lassen." *(Struck)*

1974	1975	1976	1977	1978
Deutschland: Weltmeister im Fußball	Unterzeichnung der KSZE-Schlussakte (Helsinki): Verhandlungen bringen Bewegung in den Kalten Krieg	Ausbürgerung des Liedermachers Wolf Biermann aus DDR	„Deutscher Herbst": Terroranschläge der RAF	„Dreipäpstejahr"

Die Postmoderne als Strömung der 80er-Jahre

Auf einen Blick

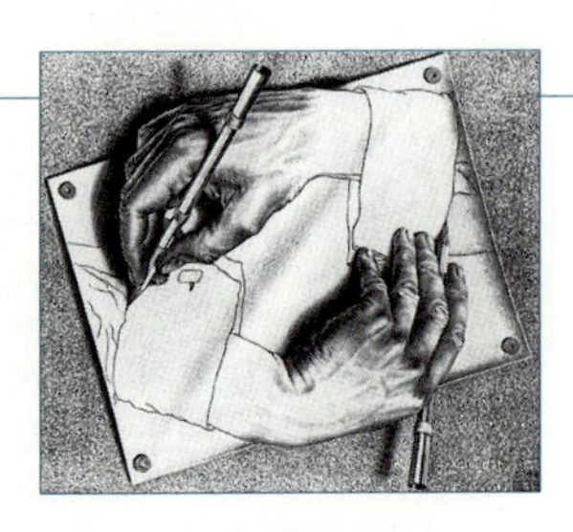

Subjekt
- … der Postmoderne als Vielheit von Rollenidentitäten
- Abschied von allgemeinverbindlicher Wahrheit des Ich

Dekonstruktion des Wahrheits- und Wirklichkeitsverständnisses

Natur/Gott
- Gott als Konstruktion
- Beschädigte Welt / Natur
- „Zurück zur Natur" als unerfüllbare Illusion

Gesellschaft
- Krisenbewusstsein
- Wertepluralismus
- Ausweitung der Konsummöglichkeiten / Spaßgesellschaft

Grundsätzliches

- 80er-Jahre **keine abgrenzbare Epoche:**
  - zunehmende Vielgestaltigkeit der Literatur, z. T. Fortwirken der Tendenzen der 70er-Jahre
  - Nebeneinander verschiedener „Literaturen": experimentelle Literatur, Jugendliteratur, Trivialliteratur, gesellschaftskritisch-engagierte Literatur, Literatur der Postmoderne etc.
- Zeit der Krisen / Krisenbewusstsein: atomare (1986 GAU im AKW Tschernobyl), ökologische (z. B. Erderwärmung) und soziale Katastrophen treten ein und / oder kündigen sich konkret an: Welt wird als beschädigt begriffen
- ab 1985: allmähliche Liberalisierung des Ostblocks durch Gorbatschow
- Punk als Abgrenzung der Jugendkultur zur bestehenden Gesellschaft
- **Literatur der Postmoderne** als aufkommende Strömung in den 80ern (wörtlich: *Nachmoderne* – also Abgrenzung zur und Nachfolge der Moderne; Begriffsherkunft: Architektur)
- Begriff der Postmoderne häufig zur Kennzeichnung der 80er verwendet – die philosophischen und literarischen Ansätze dauern aber bis in die Gegenwart fort
- zentrale Annahme der Postmoderne: grundsätzliche **Beliebigkeit** der Wirklichkeit angesichts der Unabsehbarkeit ihrer Möglichkeiten – Folge: relativierende **Infragestellung von Ideologien, Werten und Normen**
- Einflüsse aus französischer Philosophie der Postmoderne: Deleuze, Lyotard, Foucault; Einflüsse aus italienischer Literatur: Eco

Menschenbild

- kein einheitliches Menschenbild, aber Tendenz der Postmoderne:
  - Verabschiedung vom konventionellen Wahrheitsbegriff: Wahrheit als gesellschaftliches Konstrukt (Konstruktivismus)
  - Ende der großen Sinnentwürfe, stattdessen Pluralität gleichberechtigter Sinnentwürfe
  - Vorläufigkeit der Selbstbilder, Patch-Work-Identität, Mensch nicht mehr autonomes Subjekt

1980	1981	1982	1983	1984
Gründung der Partei „Die Grünen"	Literaturnobelpreis an Elias Canetti	Helmuth Kohl wird Bundeskanzler / erster CD-Spieler geht in die Serienproduktion	AIDS rückt ins Bewusstsein der Öffentlichkeit	Start des Privatfernsehens

Literarisches Leben

- Literatur versteht sich zunehmend als Dienstleistung: unterhalten, aufklären, teilweise in ironisch-subversiver Haltung
- **Buch als Ware**, der Verlag mehr und mehr als Unternehmen, das Gewinne erzielen muss: Literatur gehorcht dem Diktat des Marktes
- **Aufwertung der Unterhaltsamkeit** von Literatur und gleichzeitige Relativierung der gesellschaftlich-politischen Funktion der Literatur
- Verschwimmen der Grenze zwischen Unterhaltungs- und Hochliteratur
- einzelne Titel müssen immer kostenreicher beworben werden, um Aufmerksamkeit zu erlangen
- Refinanzierung über Verfilmungen: Romane als Blaupause für Filme
- weitere **Auffächerung des literarischen Marktes**

Sprache und Stil, Themen und Formen

- **Nebeneinander und Montage verschiedener Stile und Formen**, wobei diese selbst meist nicht original sind, sondern oft ironisch gebrochene Zitate (Vorliebe für Intertextualität)
- Vorliebe für **Ironie**
- Metafiktion: Thematisierung der Fiktionalität eines Werks innerhalb des Werks (Unterlaufen der Illusionswirkung des Erzählens)
- die Herstellung von Sinn wird zugleich geleugnet und vorausgesetzt
- **Öffnung hin zu „Trivialgattungen"** wie Schauerroman und Kriminalroman
- Popularität von „postmodernen" Romanen, die sich fingierten oder/und tatsächlichen historischen Figuren, Epochen, Ereignissen zuwenden, die spannend erzählt sind, **Reales und Fantastisches mischen**, auf andere Werke **anspielen** bzw. diese zitieren
- Ende der großen Meta-Erzählungen (= umfassende Sinngebungsstrukturen) als Befreiung
- bevorzugte Gattung: **Roman** (z. T. auch Lyrik mit besonders spielerischer Tendenz)
- „postdramatisches" Theater: ästhetische Experimente und Sprachspiele, Abwendung von traditionellen „Erzählweisen"; Auflösung von Handlung und Figuren

Autoren und Werke

Umberto Eco: *Der Name der Rose* (italienischer Roman)
Christoph Ransmayr: *Die Schrecken des Eises und der Finsternis, Die letzte Welt* (Roman)
Sten Nadolny: *Die Entdeckung der Langsamkeit* (Roman)
Patrick Süskind: *Das Parfüm* (Roman)
Botho Strauß: *Paare, Passanten* (Sammlung von Prosatexten), *Kalldewey, Farce* (Theaterstück)

Zitate

„Wen kümmert's, wer spricht." *(Foucault)*
„Die Wahlfreiheiten des Einzelnen sind in vieler Hinsicht nicht nur größer geworden, sondern geradezu geplatzt." *(Gross)*
„[D]er von den Gegenwartsautoren beim Schreiben geäußerte Argwohn gegenüber dem herkömmlichen Geschichtenerzählen ist symptomatisch für den Übergang von der Moderne zur Postmoderne." *(Lützeler)*

ab 1985	1986	1987	1988	1989
Reformpolitik Gorbatschows in der UdSSR (Glasnost und Perestroika)	GAU im Atomreaktor von Tschernobyl	Barschel-Affäre	Flugzeugkatastrophe von Rammstein	9. November: Öffnung der deutsch-deutschen Grenze und Fall der Mauer

Auf einen Blick

Subjekt
- Staatliche Erziehung zur sozialistischen Persönlichkeit
- Mensch als Produktionskraft
- Beschränkung der Freiheit

Real existierender Sozialismus

Natur/Gott
- Marxistisch-ideologischer Atheismus
- Natur als Produktionsgut

Gesellschaft
- Sozialistische Gesellschaft
- Staatliche Zensur und Bespitzelung
- Ziel staatskritischer Literatur: Demokratisierung und Öffnung

Sozialistische Einheitspartei Deutschlands
SED
Deine Partei!

Grundsätzliches

- *Deutsche Demokratische Republik* (1949–90) als sozialistischer Staat nach der deutschen Teilung – hervorgehend aus der Sowjetischen Besatzungszone und politisch an Sowjetunion orientiert
- zentralistische Staatsform: **staatliche Lenkung und Überwachung der Literatur** durch die *Sozialistische Einheitspartei Deutschlands:* Schriftsteller als „Kampfgenossen der Regierung"
- staatlich verordnete Strömung des **sozialistischen Realismus** – programmatische Formel: „Greif zur Feder, Kumpel!"
- Ausrichtung der staatlich gelenkten Literatur: antifaschistisch, antikapitalistisch, arbeiternah
- **Unterdrückung und Zensur** staatskritischer Meinungen
- Bau der Mauer als „antifaschistischer Schutzwall": Abgrenzung vom Westen, keine Reisefreiheit
- Eingliederung in den sozialistischen Staat von einigen Bürgern als problematisch empfunden – Widersprüchlichkeit für einige Autoren: Einfügen in Staat, der Freiheit beschneidet, zugleich aber herrschaftsfreie Gesellschaft verspricht
- in den 80ern: wachsende Unzufriedenheit vieler DDR-Bürger (Stärkung der Bürgerrechtsbewegung); ab 1985 sowjetische Reformpolitik Gorbatschows, die DDR nicht mittragen will
- aus Montagsgebeten in der Leipziger Nikolai-Kirche entwickeln sich 1989 die sogenannten Montagsdemonstrationen mit dem **Ziel einer demokratischen Neuordnung**
- **friedliche Revolution** führt zum Ende der DDR und bereitet Weg für Wiedervereinigung

Menschenbild

- Menschenbild des Sozialismus: Erziehung zum neuen Menschen bzw. zur sozialistischen Persönlichkeit – Ideal des selbstlosen, leistungsbereiten, solidarischen **Arbeiters für das Gemeinwohl**
- Gesellschaft als Ursprung von Rechten im Gegensatz zu den unveräußerlichen Grundrechten westlicher Demokratie
- Menschenbild der staatskritischen Autoren: **freiheitlich-demokratisch**, z. T. am Leitbild eines demokratischen Sozialismus orientiert

1949–61 Aufbauphase in der DDR

1955 Beitritt der DDR zum Warschauer Pakt

1961–70 Stabilisierungsphase in der DDR

1968 Beendigung des „Prager Frühlings" durch Truppen des Warschauer Paktes

1972–74 Neue „Ostpolitik" der BRD unter Willy Brandt

1976 Ausbürgerung Wolf Biermanns aus der DDR

Literarisches Leben

- staatlich verordnete **Aufbauliteratur** der 50er-Jahre: optimistische Darstellung des Sozialismus
- B. Brecht erhält eigene Bühne und eigenes Ensemble
- **„Bitterfelder Weg"**: SED-Programm (1959) zur Lenkung der Literatur – Arbeiter als Schriftsteller und Schriftsteller als Arbeiter (Parole: „Dichter in die Produktion")
- staatlich kontrollierte **Ankunftsliteratur** der 60er-Jahre: Einrichten im Sozialismus
- **Ausbürgerung** des kritischen Liedermachers **Wolf Biermann** (1976) – zahlreiche Proteste
- in der Folge von Biermanns Ausbürgerung **verlassen viele Autoren die DDR**
- **Zensur, Überwachung, verschärfte Produktionsbedingungen, Repressionen** durch Stasi
- in DDR verbleibende Künstler bauen kritische und von SED unterwanderte Literaturszene auf

Sprache und Stil, Themen und Formen

- **staatskonforme Literatur des Sozialistischen Realismus:**
  - Thema insb. in 50ern: Überlegenheit des Sozialismus gegenüber Faschismus/Imperialismus
  - einfache, verständliche Sprache (wegen Zielpublikum der breiten Bevölkerung)
  - Idealisierung des Arbeiters: **literarische Figuren als Vorbilder**
  - Gattungen: v. a. Epik und Lyrik
  - artifizieller Charakter von Aufbau und Form; Figuren oft typenhaft; Antithetik und Hyperbolik
- **nicht systemkonforme Literatur:**
  - subversive Aussageweisen, die **an SED-Zensur vorbeikommen:** mit Anspielungen, Verschlüsselungen, Doppeldeutigkeiten, Verlegung des kritischen Stoffes in den Mythos als Maske
  - Lyrik: Liedtexte transportieren Kritik besonders pointiert
  - Epik: Entfaltung des Lebensgefühls in der DDR
- Theater: nach Brecht wenig herausragende Werke bis zum Wirken Heiner Müllers

Autoren und Werke

Christa Wolf: *Der geteilte Himmel, Kassandra* (Erzählungen), *Kindheitsmuster* (Roman)
Jurek Becker: *Jakob der Lügner* (Roman)
Willi Bredel: *Die Söhne, Die Enkel* (Romane)
Johannes R. Becher: *Auferstanden aus Ruinen* (Nationalhymne der DDR), Gedichte
Uwe Johnson: *Mutmaßungen über Jakob* (Roman)
Christoph Hein: *Der fremde Freund* (Novelle)
Ulrich Plenzdorf: *Die neuen Leiden des jungen W.* (Roman und Theaterstück)
Sarah Kirsch, Günter Kunert, Reiner Kunze: v. a. Gedichte
Wolf Biermann: Lieder und Gedichte
Peter Hacks: *Die Sorgen und die Macht* (Drama)

Zitate

„Nur hinter Masken ist Freiheit." *(Hein)*
„Wir müssen [...] unser kostbarstes Gut, die jungen Menschen, überhaupt die Menschen, vor den Beschädigungen des gesellschaftlichen Apparates schützen." *(Zweig)*
„Das Beste an der DDR war der Traum, den wir von ihr hatten." *(Kant)*

ab 1981	ab 1982	ab 1985	1989	1990
zunehmend wirtschaftliche Probleme der DDR	Montagsgebete in Leipziger Nikolaikirche: Keimzelle der friedlichen Revolution	Gorbatschows Reformpolitik in der UdSSR (Glasnost und Perestroika)	Fall der Mauer	Ende der DDR und Wiedervereinigung

Tendenzen der Gegenwartsliteratur *1990 bis heute*

Auf einen Blick

Subjekt
- Ideal der Freiheit im gesellschaftlichen Rahmen
- Rollen-Ich in verschiedenen Kontexten (Arbeit, Familie, Freizeit etc.)
- Mensch als Konsument

Natur/Gott
- Glauben in Form der Gebrauchsreligion
- Umweltschutz, Natur als knappe Ressource und Raum für Freizeit

Komplexe Gegenwart

Gesellschaft
- Wiedervereintes Deutschland, Probleme der Globalisierung
- „Digitale Gesellschaft"
- Solidarität als knappes Gut

Grundsätzliches

- **große Vielfalt der Literatur** seit der Wende: **Wendeliteratur, Popliteratur, Interkulturelle Literatur, Literatur der Vätergeneration, Trivialliteratur** etc.
- Wende und Wiedervereinigung; Auflösung der Sowjetunion zu Beginn der 90er-Jahre
- Umbrüche von existenzieller Tragweite in den „neuen Bundesländern": Wegfall von Arbeitsplätzen, Aufklärung der Rolle des Einzelnen im SED-Staat, unvorstellbare Wahlmöglichkeiten
- Anschlag auf die Twin Towers in New York (11. September 2001) als zeitgeschichtliches Trauma, in der Folge: **Kriege** unter US-Führung gegen den internationalen **islamistischen Terrorismus**
- **Globalisierung** als Herausforderungen für Politik und Wirtschaft
- Vormarsch der **digitalen Medien** (Internet, Smartphones, E-Books, soziale Netzwerke etc.) – mit Veränderung von sozialen und kommunikativen Strukturen
- Literatur vor Herausforderung, die immer **komplexer werdende Welt** zu verarbeiten

Menschenbild

- gleichberechtigtes Nebeneinander verschiedener Menschenbilder (und Kulturen)
- Ideale der Freiheit und der Selbstbestimmung mit gesellschaftlicher Eingebundenheit
- Leitbild des ökonomischen Menschen: Egoismus wird anerkannt; Effizienz als zentrales Paradigma
- Pragmatismus bei Aufbau der Identität – Vermischung von „Bausteinen" verschiedener Herkunft

Literarisches Leben

- z. T. Entwertung der Literatur zum Echo statt wie ehedem Literatur als Seismograph – Buchmarkt reagiert zunehmend auf Großereignisse
- Literatur als Event: intensive Bewerbung von Büchern, Frankfurter Buchmesse mit immer weiter steigenden Besucherzahlen; aber auch Slam Poetry oder Literatursendungen mit Eventcharakter
- **Vermarktbarkeit** als wichtiges Kriterium für Veröffentlichung: Platzierung von Literatur durch kalkulierte Skandale, durch Fokus auf Autor (z. B. Fräuleinwunderliteratur), Medienkampagnen

1990	1991	1999	ab 2000	2001	2002
Wiedervereinigung der beiden deutschen Staaten	Auflösung der Sowjetunion	Literaturnobelpreis an G. Grass	E-Books als Konkurrenz zum klassischen Buch	Terroranschläge in den USA / Krieg gegen Afghanistan / Wikipedia geht online	Einführung des Euro

- die meisten jungen Autoren eher nicht Teil einer politisch Einfluss nehmenden Intelligenz
- Lesepublikum erwartet von Literatur nicht mehr Orientierungshilfe, sondern **Unterhaltsamkeit**
- von Strömungen unabhängig: vereinzelt **Bestseller** mit **unumstrittenem literarischen Rang**
- Neue Medien: Internet als Medium für eigenes Schreiben (z. B. Blogs), E-Books als Alternative
- übersetzte Literatur aus dem Ausland nimmt einen immer größeren Teil des Buchmarktes ein

Sprache und Stil, Themen und Formen

- die Sprache ist facettenreich; z. T. Verlust an Plastizität, Ausdruckskraft und Evokationsfähigkeit; Tendenzen zu einfacherer Sprache wegen Ausrichtung auf breites Publikum
- Stilrichtungen überlagern einander
- wichtiges Thema der Literatur: **Identität** des vereinten deutschen Volkes und des Einzelnen in einer unübersichtlicher werdenden, globalisierten Welt mit ihren Unsicherheiten
- **Wendeliteratur:** Auseinandersetzung mit der DDR-Diktatur und mit ihrem Zusammenbruch – biografische Verarbeitung und Perspektivierung des historischen Ereignisses der Wende
- **Popliteratur:** junge Schriftsteller mit Tendenz zu provokanter Selbstinszenierung, Abgrenzung zur etablierten Literatur, zynisch anmutende Attitüde, Hochschätzung der Konsumkultur, Ersetzen der „Vergangenheitsbesessenheit" der Älteren durch „Vergangenheitsvergessenheit"
- **Interkulturelle Literatur:** Thema dieser Richtung sind Fremdheitserfahrung und kulturelle Identität sowie der wechselseitige Einfluss von deutscher Sprache und fremder Identität
- **Epik als vorherrschende Gattung** – insbesondere in Form des Romans
- Weiterentwicklung des Dramas insbesondere durch Neuinszenierung von Werken auf der Bühne
- neue Gattungen wie z. B. die Graphic Novel (Comicroman) – Auflösung der Gattungsgrenzen

Autoren und Werke

Christa Wolf: *Was bleibt* (Erzählung), *Medea. Stimmen* (Roman)
Günter Grass: *Ein weites Feld* (Roman), *Mein Jahrhundert* (Erzählungen), *Im Krebsgang* (Novelle)
Herta Müller: *Herztier, Atemschaukel* (Romane)
Uwe Tellkamp: *Der Turm* (Roman)
Christian Kracht: *Faserland* (Roman der Popliteratur)
Thomas Brussig: *Am kürzeren Ende der Sonnenallee* (Roman)
Daniel Kehlmann: *Die Vermessung der Welt* (Roman)
Bernhard Schlink: *Der Vorleser* (Roman)
Wladimir Kaminer: *Russendisko* (Roman)
Urs Widmer: *Top Dogs* (Drama)
Elfriede Jelinek: *Ulrike Maria Stuart* (Theaterstück)
Durs Grünbein, Ulla Hahn, Karin Kiwus, Marcel Beyer: Gedichte

Zitate

„Die Erinnerung an die DDR ist umkämpftes Gebiet." *(Brussig)*
„Es ist einer der radikalen Grundirrtümer der Medienwelt unserer Tage, daß es für Dinge mit Niveau und Anspruch kein Publikum gäbe." *(Kehlmann)*
„Die große Literatur gehört nicht mehr zur Gegenwart." *(Schlaffer)*

2003	2004	ab 2007	2009	2011	2012	2015/6
Einmarsch der USA und Großbritanniens in den Irak	Literaturnobelpreis an E. Jelinek	Große Finanzkrise, in der Folge Staatskrisen	Literaturnobelpreis an H. Müller	Beginn von Umwälzungen in vielen arabischen Staaten / Reaktor-Katastrophe in Japan	Facebook: 1 Milliarde Mitglieder	Flüchtlingskrise